日本国憲法／自民党憲法改正案　全文掲載

詩人が読み解く自民党憲法案の大事なポイント

JN173730

谷内修三

poem piece
ポエムピース

まえがき

秘密保護法案、戦争法案（安保関連法案）が強行採決され、次は「憲法改正」が争点になるといわれた二〇一六年七月の参院選。もし、憲法が変わってしまったら、私の日常はどう変わるんだろう。

自民党「日本国憲法改正草案」（平成二十四年四月二十七日決定）とはどんな内容なのか。「緊急事態条項」など断片的に見聞きしていたが、全体の姿は知らなかった。参院選の前に、読んでみた。

私は詩を書いたり、読んだりしている。憲法が変わっても、いまと同じように、好き勝手が書けるかどうか。第十九条が気になった。「思想及び良心の自由は、これを侵してはならない。」（現行憲法）が「思想及び良心の自由は、保障する。」（自民党改正草案）になっている。「保障する」というのは、どういうことだろう。「侵してはならない」と「保障する」はどう違うのか。

私は憲法学者でも法律家でもない。法律用語は知らない。私が日常つかっていることばを動かしながら、そこに書かれていることを読んだ。現行憲法と比較しながら、詩を読むときと同じように、「述語（動詞）」に注目し、日常と結びつけてみた。自分が理解している事実と結びつけてみた。

すると「現行憲法」からかけ離れた、とても危険なものが見えてきた。いままでの日常とは違うものが見えてきた。

「緊急事態」が起きたらどうするかも大事だが、日常の日々も大事。ふつうの暮らしの方が緊急事態よりも時間が長い。それが、じわじわと見えにくい形で変わっていくようで、とても不気味だ。そのことを書こうと思った。

私は、あくまで日常のことばで「憲法改正草案」を読んだ。憲法学者、法律家、政治家からみると、あいまいで、奇妙な内容かもしれない。けれど、もしかすると「専門家」が見過ごしている問題に触れているかもしれない。「無知」な人間だけがつまずく「石」があるかもしれない。

日本国憲法／自民党憲法改正案　全文掲載

詩人が読み解く自民党憲法案の大事なポイント　もくじ

I

「主語」を補って「動詞」を読む

現行憲法の主語は?

日本国憲法改正草案　自由民主党　平成二十四年四月二十七日（決定）
という文書が次のＵＲＬに掲載されている。
http://editorium.jp/kenpo/const.html（下記ＱＲコードからダウンロード）

これを読んでみた。

私は詩を（あるいは小説や短歌、俳句などの文学を）読むとき、「動詞」を中心にして読む。何が書いてあるかを「動詞」は裏切らない。「名詞」（概念）は何が書いてあるのか、ことばの「豪華さ」にごまかされて、よくわからないことがある。時には「難解だから正しい（自分の知らないことが書いてあるから正しい＝自分を新しい知の世界へ導いてくれるから正しい）」と思い込まされることがある。そのことばをつかって何かを語ると、あたかもそのことばを最初につかった人と同じ「知」にたどりついたかのような錯覚に陥ることがある。私はこの概念を知っている、だから「正しい」と錯覚してしまうことがある。

でも、「動詞」なら、そういうことはない。「動詞」はだれもが同じように「肉体」を動かして「実行」している。そこに「肉体」があるから、ごまかしようがない。自分はそういう行動をできない、となれば、それに従うわけにはいかない。

たとえば知らない土地（外国）の知らないひとの集まり。コップに透明な液体が入っている。のどが乾いている。飲みたい。でも、飲んで大丈夫かどうかわからない。尋ねたいが、ことばもわからない。けれど誰かが、それを飲んでみせてくれれば、大丈夫。それは、飲める。「肉体」が「飲む」という「動詞」を実行する。それから起きることを「動詞」は裏切らない。

で、「動詞」を読む。「動詞」には「主語」が必要だから「主語」を補って読む。そうすると、そこに書かれていることがよくわかる。

（現行憲法）第十九条
思想及び良心の自由は、これを侵してはならない。
（自民党草案）第十九条
思想及び良心の自由は、保障する。

「侵してはならない」を「保障する」と「改定」している。どちらも国民の「思想及び良心の自由」を守っているように見える。(先のURLの表記では「保証する」とあったが、自民党の文書には「保障する」とあったので、「保障する」に従った。)

しかし、違う。

「犯してはならない」は「禁止」である。「侵すことを禁止する」である。「侵す」という「動詞」に「してはならない(禁止する)」という動詞を付けくわえたものである。この「禁止する」という「動詞」の存在を見落としてはならない。

これに「主語」を補うと、

思想及び良心の自由は、「国家権力は」これを侵してはならない(これを侵すことを禁止する)。

になる。

「自民党草案」は「これを」ということばを削除している。日本語の文体として「うるさい」感じがするからだろう。しかし、私が主語を補ったように書いてみると、「思想及び良心の自由は」「国家権力は」と「主語」が二つになってみえてしまう。だから、最初の「思想及び良心の自由は」というのは「主語」ではなくて、「主題」（動詞をともなって動かない）であることを明確にするために、「これを」と「目的語」のようにして言い直しているのである。

憲法は、国家権力に対する禁止事項をまとめたものである。主権は国民にあり、その主権を国家権力は侵害してはならない。そういう禁止事項で成り立っている。国民の「義務」を示したものではない。「教育、労働、納税」は国民の「義務」だが、その三つがなければ国家が成り立たないからである。それ以外は国民の義務などない。

思想及び良心の自由は、保障する。（自民党草案）

というのは、

思想及び良心の自由は、「国家権力は」（これを）保障する。

ということである。このときの「保障する」は国の「権利」とも読むことができるし、「義務／責任」とも読むことができる。国に「保障する義務がある」なら、それで国民の思想、良心の自由は守られたように、見える。

でも、私は、疑う。

「保障する」とはどういうことだろう。「社会保障」「日米安全保障条約」。そういうことばの「保障する」は「困っているとき、助ける」という意味だと思う。社会生活が自力でできなくなった場合、そのひとを「助ける」。日本がどこかの国から攻撃されたら（戦争を仕掛けられたら）、困っている日本を「助ける」。「国民の安全な暮らしを守る」。たぶん、そういうことだ。

「思想、良心」にも、この「国民の」ということばを補ってみる。

「国民の」思想及び良心の自由は、「国家権力は」（これを）保障する（助け、守る）。

自民党案は、ほんとうにそう書き換えられるか。

私は少し疑問に思っている。

「思想」というのは必ずしも「国家」にとって都合のいいものばかりではないだろう。

極端な話、いまの国家権力のありようを変革したい、革命を起こしたい、いまの政府を顛覆させたいという「危険思想」もあるだろう。そういうものも、国家は「守る」だろうか。きっと「守らない」と思う。もちろん「助ける」、つまりその「思想」が広がっていくことを手助けするということなどしない。

「国家権力が安全と認めた」思想及び良心の自由は、「国家権力は」（これを）保障する（助け、守り、育てる）。

ということにならないか。ここに「うさんくささ」を感じる。
これは逆に言い直してみるとわかりやすくなる。現行の憲法には

「その内容がどんなものであれ国民の」思想及び良心の自由は、「国家権力は」これを侵してはならない。

という補足説明はできるが、

「国家権力が安全と認めた」思想及び良心の自由は、「国家権力は」これを侵してはならない。

という補足はできない。「安全と認めているもの」を「侵す」ということはありえない。そんなことをすれば矛盾である。「安全と認めている」ものは「侵す」の反対、「推奨する」になる。「守り、助け、育てる」になる。

逆に言うと、「国家権力が認めた」ということばを補って矛盾しないのが自民党草案である。「保障する」はつまり「認める」ということなのだ。そして、「認めている」ことを「保障する（守る）」というのは、それを「推奨する（広がるように、助ける）」ということである。「認める」という形で「ある特定の思想」を「推奨する」、それ以外は「禁止する」という意図が隠されているのが自民党草案なのではないだろうか。

国家権力の暴走

自民党草案は、

「国家権力が認めた」思想及び良心の自由は、「認める（＝保障する＝ほかの人から侵害されないように守る）」。

なのである。「認める」のは「容認できるものを受け入れる」ということである。「容認」の「認」が「認める」である。

「保障する（守る）」というのは、「認める」ということが前提であり、認めないもの（危険と認識したものは）は「保障しない（守らない）」ということにならないか。

さらに言い直すと、

「国家権力が容認できない」思想及び良心の自由は、保障しない。取り締まる。

へと変化していくものなのである。

これでは「国家権力」に対する「禁止事項」ではなくなる。「国家権力」への「権利」の賦与になる。

国家は、これこれの思想、良心は「推奨できる」。国家が認めた思想、良心なら、それを認め、受け入れる。それ以外のものは「禁止する」。そういうことになる。ここから国家権力の暴走が始まる。


そして、これは、「自民党草案」にしたがって憲法が改正されるよりも前に、既に「現実」になっている。政府が「認める」もの以外は、「守らない（保障しない）」ということが起きている。

たとえば、最近話題になった「待機児童」問題。「保育所落ちた、日本死ね」という女性のブログでの発言に対し、「匿名発言なので事実かどうかわからない」、つまり「事実」と認めない、「死ね」というような乱暴な言い方は「認めない」。そういう「認められない」発言をするひとは、「保障」の対象外である、と切り捨ててしまう。その女性の生活を「守ろうとはしない」。その女性に対して「社会保障しない」。

さらにはTPPがどのような経緯で締結されたか、その経過に対する質問は国家間の信頼を損ねる（国家機密に関する）から質問することを「認めない」。安保関連法を戦争法と呼ぶのは「認めない」、政府に反対する意見は「認めない」。説明などしない。質問そのものも「認めない」。

この「認めない」は、いまのところ、「無視する」という形をとっている。そういう発言をするひとを「拘束する（自由を奪う／人権を侵害する）」というところまではいっていないが、「死ね」というような乱暴な言い方は認めるわけにはいかないという態度には、自由な発言を奪うという姿勢が垣間見られる。礼儀正しい言い方、丁寧な言い方をしない人間は許さないという態度がうかがえる。「困っているなら、乱暴なことばで苦情を言うのではなく、丁寧にお願いしなさい」という態度が見え隠れする。

これは、逆な働きをするときもある。自民党はTPP反対という立場をとっていたが、安倍首相は「反対と言ったことは一度もない」と嘘をついた。国会で嘘をついた。しかし、その嘘を安倍首相は「認めない」。不都合なことは「認めない」。

自分にとって都合のいいものだけを「認める」、「守る」。都合のいいものだけを公開し、それを「認めろ」と国民に強要する。そういう形の国家統制が、すでに始まっている。「現実」はすでに「自民党憲法改正草案」をもとに動いている。安倍首相は、「改正草案」を先取りしている。

2

「主語」か「テーマ」かを考える

「思想」の押しつけ

（現行憲法）第十九条
思想及び良心の自由は、これを侵してはならない。

（自民党草案）第十九条
思想及び良心の自由は、保障する

この二つの条項を比較した。「侵してはならない（禁止）」を「保障する」と「改正」していることに対する疑問点を書いた。私は法律の専門家ではないし、専門用語（法律用語）に詳しいわけでもないから、「うさんくさい」と思ったことを書いたといった方が正確だろう。

そのとき書けなかったことを書く。少し「脱線」する。

この「保障する」を、「現行憲法」と「自民党憲法改正草案」を比較している先のU

ＲＬの文章は、「保障する」ではなく、「保証する」と書き間違えていた。

この書き間違えは、しかし、もしかすると「自民党憲法改正草案」よりも自民党の「本音」を語っているのではないか、と思った。

「法律」の定義を無視して、私は私の知っていることから「保証する」と「保障する」の違いを考えてみる。

「保証する」の「保証」がいちばん身近な例は「身元保証人」。これはある人物の「身元が確かであると請け合う」こと。そして、もし「保証しただれか」が問題をおこしたとき、たとえば借金をつくって逃げたとき、「身元保証人」はその借金の肩代わりをしないといけない。責任がともなう。責任を「請け合う」。だから「身元保証人」になるには、覚悟がいる。慎重でなければならない。

先に書いたように、「第十九条　思想及び良心の自由は、保障する。（自民党草案）」が、

「国家権力が認めた」思想及び良心の自由は、「認める（＝保障する＝ほかの人から侵害されないように守る）」。

という「内容」なら、その「保障する」は「守る」というより「保証する（確かだと請け合う）」ということにならないか。

そうであるなら、その憲法をタテに、安倍政権は、政権にとって都合のいい「思想」や「良心」を押しつけてくるのではないか。

たとえば、

（自民党草案）第二十四条
家族は、社会の自然かつ基礎的な単位として、尊重される。家族は、互いに助け合わなければならない。

という具合に。

「家族が助け合う」というのはあたりまえのことである。このため「思想」と呼ぶとおおげさな感じがするかもしれないが、人は誰でも日常のなかでいろいろな「思い」を抱きながら生きている。そういう「思い」はすべて「思想」である。ほとんど無意識になってしまっている、「肉体」にしみついている「思想」である。

そういうことを、わざわざ憲法に書くのは、「家族は助け合わなければならない」という「思想」の押しつけ、「倫理」の押しつけである。

現実生活では、夫婦が不仲になり、離婚するというようなことはどこの社会（国）でも起きる。そういうとき、この条項が憲法にあると、どうなるのか。憲法は国民にどう働きかけてくるのか。国は憲法を利用して国民をどう動かそうとしてくるのか。

憲法は、国民のけんかする、別れるという権利を守ってくれるのか。けんかして、別れても、普通の日本人として、さまざまな権利を守ってくれるか。不都合にならないように「保障」してくれるか。一歩進んで「身元保証人」になってくれるのか。きっと違う。「家族を大切にしろ、夫婦は別れるな」という「生き方」を押しつけてくる。日本的な夫婦のあり方を守っている国民だけを、日本国民として「保証する＝身元保証人になる」ということになる。そうしない国民は「憲法違反」であり、さまざまな「社会保障」を受けられなくなる。そうなりかねない。

「日本的な」と書いたのは……、自民党草案の「前文」に

日本国民は、良き伝統と我々の国家を末永く子孫に継承するため、

ということばがあるからだ。

「良き伝統」と第二十四条の「家族」を結びつけると、「家長制度」が「家族の理想像」として浮かび上がるかもしれない。（夫婦別姓に自民党が反対しているのも、「家長制度」が「理想」だからだろう。）父親が家族を支配し、統合する。そういう「思想」の持ち主なら「保障する（守る）／保証する（身元を請け合う）」。父親の言うことを聞かない、男女平等を言い張る夫婦関係を「保障しない（守らない）／保証しない（身元を請け合わない）」。日本の伝統と違うから、ということになりかねない。

人は誰でも、自分の害にならないと判断したものだけを「保証する＝身元保証人になる」。害に不安がある時は「保証しない＝身元保証人にはならない」。自分に都合のいい人を「守る（保障する）」ということを好む。そして、「保障してほしいなら、私の言うことを聞きなさい」という形で人を「支配する」のである。

一方、それでは現行憲法ではどうなるのか。

日本人がテロを主張する一部のイスラム教徒の主張に心酔し、同じような行動をとったとする。そのとき、その日本人テロリストを守るのか。「身元保証人」になるか。そんなことはしないだろう。

ただし、そのときの現行憲法（日本国）が日本人テロリストを断罪する側に立つのは、その「犯罪行為」を断罪するためである「犯罪行為」は「公共の福祉」に反するからである。だから、法律を定め、犯罪行為を取り締まる。（これは、法律の仕事であって、憲法の仕事ではない）。

このとき、断罪するにしても、その日本人がどのような思想を持っているかということは、断罪するときの判断材料にはしない、というのが、「思想、良心の自由を、侵さない（侵してはならない）」ということなのである。思想、良心というのは完全に個人のもの、国（国家権力）のものではないから、絶対に「侵さない」。同時に、それが完全に個人のものであるから、それがどんな思想であろうと「保証はしない＝身元保証人にはならない」、ということが第十九条に書かれていることなのだ。「侵さない」は「身元保証人にはならない」という意味でもある。

断罪するのは、あくまでも「行為」であって、「思想」や「良心」という人間の内面ではない。

「保障しない」と「保証しない」

別な角度から、「保障しない」と「保証しない」との違いについて考えてみる。「保障する」ということばの方から考え直してみる。

「保障（する）」ということばをつかったものに「日米安全保障条約」がある。これは、日本がある国から攻撃されたとき、アメリカは日本の安全を「守る」ために戦うという条約。「保障する」とは、誰かからの攻撃があったとき、攻撃された国（人）を「守る」ということ。効率的に「守る」ために、アメリカは日本に基地をつくり、兵隊を常駐させている。（「安保条約」にともなう「日米地位協定」はアメリカに様々な特権を与えているから、日本を「守る」というよりも、アメリカが攻撃されないようにする前線として日本を利用できる、というのが「安保条約」の実体だろうと思うが……。）

「保障する」は誰かが攻撃されたとき、その攻撃を防ぐ側に回って、攻撃されている人を「守る」、ということである。

だから、現行憲法の

集会、結社及び言論、出版その他一切の表現の自由は、（国家権力は）これを保障する。

は、ある誰かが別の誰かの「出版、言論の自由」を侵害しようとしたとき、国家権力は侵害する人の側ではなく、侵害されたひとの権利を守る側に立つ、侵害された人の権利を守るということなのだ。それがたとえ「国家権力」に不都合であっても。具体的にいえば、その「出版物」が安倍首相を批判し、攻撃するものであっても、その権利を守る、安倍首相を批判する権利を侵害しないというのが現行憲法である。権利を侵害するものから「守る」が「保障する」である。

だからこれは、第十九条の「思想及び良心の自由は、これを侵してはならない。」と密接に関係しているのである。「思想及び良心の自由は、これを保障する。」と現行憲法が言わないのは、「侵してはならない」と「保障する」がまったく違うからである。「侵してはならない」は国への禁止であり、「保障する」のは国の「責任／義務」である。一方で、国に対して「禁止」を申し渡し、他方で国に対して「義務／責任」も求めているのが現行憲法なのだ。

この「国」が「国民」に対して何かをすることを禁止され、その一方で「国」が「国民」を守らなければならないという二重の決まりが、どうも自民党（安倍政権）の気に入らないもののようである。「国民」に対して「〇〇するな」と「禁止」命令を出し、「国」のために「国民」にさまざまな「義務／責任」を負わせたい。そうすることで、「国」の運営をスムーズにしたいという欲望がうかがえる。

もう一度、自民党草案と「現実」に起きていることを結びつけてみよう。

誰かが安倍批判をする。安倍政権が不都合だと感じることを言う。その権利を安倍政権は守るか。守りはしない。逆に弾圧しようとしていることがわかる。

「安倍政権にとって都合のいい」集会、結社及び言論、出版その他一切の表現の自由は、保障する。これは「保証する」と同じ意味。そうでないものは「保障しない」。取り締まる。

「その他」に「放送（マスコミ）」をつけくわえてみると、現在起きていることが、よくわかる。

「戦争法」をめぐって、ニュースキャスターが厳しい発言をした。すると「偏向放送だ」という声があがった。「偏向放送は放送法に違反する」という声があがった。放送は「認可制」である。だから、「認可を取り消すこともある」という発言で、批判報道を封じようとした。
「保障しない」だけではなく、逆に「保障する必要がない＝弾圧してしまえ」が、自民党草案の意図である。

　安倍政権を批判しないかぎりは、「言論の自由」を「保障する」。放送（マスコミ）が活動するときの「身元保証人」になる。放送することを「勧める」。「ここの放送局はいいですよ」と言う。つまり「保証する」。この「勧める」は「認可する」につながる。だから、「安倍政権にとって都合の悪い」ことを言うなら「身元保証人にはならない＝放送する権利を保障しない（守らない）」。その権利を剥奪する。つまり「侵害する」。「保障する」は、あくまで「身元保証人」として「保障する」のである。「身元保証人」になれない国民や放送局の権利など「保障しない」という意味が自民党草案のなかに隠れている。

　この隠しているものを、さらにわかりにくくするために、自民党草案は、「保障する」の「主語」をあいまいにしている。「集会、結社及び言論、出版その他一切の表現の自由」というのはテーマなのに、それが「主語」であるかのように装い、「国家権力にとって都合のいい」という「表現」の内容を押しつけている。「国家権力にとって都合のいい」集会、結社及び言論、出版その他一切の表現の自由は、国家が保障する、と言っている。

それにしても、と思うのだが、一連の「放送法違反」という指摘はとても奇妙だ。「法律」というのはもともと「弱い人間」を守るためのもの。（憲法は、国の暴力から権力を持たない国民を守るもの）。

たとえば交差点での交通事故。歩行者が青信号で横断していたのに、車が進入してきた。はねられ、けがをした。そのとき法律を守っていたのに被害に遭った人（弱い人）を守るために法律がある。運転者は賠償しなければならない。けれど、運転手が歩行者をはねたあと、衝撃で進路がかわり、信号機にぶつかってけがをした場合は、歩行者には責任はない。信号を守って横断していた。だから運転者から賠償を求められるようなことはない。法律とは、そういうものだ。

放送法の「偏向放送」の禁止（公正の要求）は、どこかの政党が放送内容に注文をつけてきても、それに従わなくてもいいというもの。自民党が「安保関連法に賛成の報道が少ない。多くしろ」と要求したとき、それを跳ね返すための根拠なのだ。要求にしたがえば、自民党に寄り添った（つまり偏向した）放送になってしまう。そんなことがあってはならない。放送局が事実と認定していることを伝える、出演者が自分の意見を言ったために、その人が不利益にならないようにするためのものである。

放送が「認可制」であるとき、強者は「認可する」側、弱者は「認可を受けて放送する放送局」である。放送の「自由」を守るために放送法がある。たとえ政権の気に食わない内容を放送しても、その「放送権」を奪われないようにするためのもの、放送の権利を守るために「放送法」がある。

交通事故で被害を受けたひとを守るために「交通法」があるように。国民の「権利」を守るために「憲法」があるように。

とりかえしのつかない「現実」

「国家権力にとって都合のいい」「国家権力にとって都合の悪い」ということばを補ってみると、とてもよくわかる例が「信教の自由」の条項。「思想」「良心」の具体的なあり方としては「宗教」がいちばんわかりやすい。

（現行憲法）第二十条　信教の自由は、何人に対してもこれを保障する。

（自民党草案）第二十条　信教の自由は、保障する。

「国家権力にとって都合の悪い宗教であっても」信教の自由は、何人に対してもこれを「国家は」保障する（＝どんな宗教を信じていても、その人がその宗教を信じる権利を国家は侵害しない、侵害するものがあれば、侵害される人を守る）。（現行憲法）

「何人に対しても」とことわっているのは、何を信じるかは、ひとの数だけ違っている可能性があるからである。百人いれば百人とも信じる宗教が違うということがありうるからである。

一方、自民党の改正草案の方は、「国家権力にとって都合のいい宗教であるなら」信教の自由は、保障する。けれど「国家権力に都合の悪い」宗教を信じるものに対しては、どんな「保障もしない」。守らない、たとえば「靖国」の宗教を信じるひとの「身元」は「保証する」けれど、「靖国」を批判するひとの「身元」は「保証しない」と読むことができる。

「何人に対しても」を省略した意図はここにある。それぞれのひとの、それぞれの宗教というもの、多様な宗教をどこかで封じようとしている。

これは、テロリストの例にもどって言うと、自民党草案では、テロリストが、テロ行為を容認する「イスラム教」を信じていた場合、その人の信教の自由は「保障しない」ということ。誰かが、その人はイスラム教を信じているからテロリストかもしれないと批判、攻撃しても、国家はその人を守らないということ（トランプ米大統領候補の「イスラム教徒は出て行け」につながる）。テロという行為を断罪するだけではなく、その延長線上には気に食わない宗教への弾圧がひそんでいる（いま、実行しなくても、いつか実行するときの「根拠」になる）。

「日本の伝統」の宗教を信じる（たとえば「靖国神社」の宗教を信じる）ならば、その人の安全を「保障する」けれど、そうでなければ「保障しない」。靖国を批判するひとは、どうなっても国は知らない。権利を「保障しない」ということにつながっていく。

なぜ、あることばを省略（削除）するのか、あるいはなぜあることばを追加するのか、そういう部分は、新設条項以上に慎重に読まないといけない。

「何人」ということばを含む条項には、自民党の「意図」が露骨に出たものがある。

（自民党草案）第十九条の二

何人も、個人に関する情報を不当に取得し、保有し、又は利用してはならない。

現行憲法にはない、新設条項である。「何人も」「してはならない」と禁じているが、これは国民に対する「禁止事項」。「国家権力」が「主語」の場合はどうなのか。「国家権力は」と主語を書き換えるならば、「国家権力は」、個人に関する情報を不当に取得し、保有し、又は利用してもいい（そうすることが、許される）。と暗に語っていないだろうか。「何人も」のなかに「国家権力」が含まれているとは、私にはどうしても思えない。

そして、もし「国家権力」は、「個人に関する情報を不当に取得し、保有し、又は利用してもいい（そうすることが、許される）」ということなのであれば、それはそのまま「マイナンバー制度」そのものの「活用」である。

「現実」というのはなかなかことばにならない。ことばになって検討され、時には、もう「現実」はとりかえしのつかないところまで来ている。そういうことを安倍首相は狙っている。「自民党草案」は、すでにいたるところで「現実」として動いている。

高市早苗総務相の「放送認可を取り消す」発言や、マイナンバーの導入は、その動きのひとつである。

3

日本国は主語か主題か

日本国憲法改正草案（自由民主党）は平成二十四年四月二十七日に決定された。

その前文、

日本国は、長い歴史と固有の文化を持ち、国民統合の象徴である天皇を戴く国家であって、国民主権の下、立法、行政及び司法の三権分立に基づいて統治される。


この最初の文の「主語」は何か。

書き出しを読むと「日本国」である。しかし、途中から「日本国」は主語ではなくなる。

後半の「国民主権の下、立法、行政及び司法の三権分立に基づいて統治される。」では「日本国は統治される」と主語ではなくなる。「統治される」は「統治する」という主語を隠している。

後半では「日本国」は主語ではなく、「テーマ」である。「主題」である。

前半の文についても「日本国」は主語ではなく、「テーマ」と読み返す必要がある。

「日本国というのは……である」と「というのは」を補うと「テーマ」であることがは

っきりする。そう読み返さないと、文章として不統一（主語の乱れ）が生じることになる。

もちろんすべての文で「日本国」が主語であるとして読むこともできるが、そのとき主語の性質が違ってくる（これが、実はとても大切。）。「動詞」に注目して読み直す。

（1）日本国は、長い歴史と固有の文化を「持つ」。
（2）日本国は、国民統合の象徴である天皇を戴く国家で「ある」。
（3）日本国は、国民主権の下、立法、行政及び司法の三権分立に基づいて「統治される」。

（3）の部分で、突然「受け身」になる。ということは、そこには「能動／働きかける」主語があるはずだ。
それは何か。

書いていない。

いろいろ考えながら読むと「立法、行政及び司法の三権」の「三権」が「日本国」を「統治する」という具合に読むことができる。

でも、「三権」というのは「実態」がよく見えない。それは「人間」ではない。「人間」を補うと、その「三権の立場についた人間」ということになる。

ここに、たとえば、私は「参加」することができるか。その「一員」になることができるか。むずかしいなあ。

でも、逆は簡単。「三権」に「統治される、日本国民」になることは簡単だ。「統治するひと」（三権につくひと）は少数であり、その少数のひとが多数の国民を統治するというのが、自民党草案の「意図」である。「国民主権」といいながら、「国民」は「統治されろ」、「言うことを聞け」と言っている。

現行憲法と比較する

前文

日本国民は、正当に選挙された国会における代表者を通じて行動し、われらとわれら

の子孫のために、諸国民との協和による成果と、わが国全土にわたって、自由のもたらす恵沢を確保し、政府の行為によって再び戦争の惨禍が起ることのないようにすることを決意し、ここに主権が国民に存することを宣言し、この憲法を確定する。そもそも国政は、国民の厳粛な信託によるものであって、その権威は国民に由来し、その権力は国民の代表者がこれを行使し、その福利は国民がこれを享受する。これは人類普遍の原理であり、この憲法は、かかる原理に基くものである。われらは、これに反する一切の憲法、法令及び詔勅を排除する。

この現行憲法の前文の主語は常に「日本国民」である。「正当に選挙された」という「受け身」の動詞は、国民が「正当に選挙して、選んだ」という意味である。「日本国民」は「われら」と言い直されている。「国民」が「行動する」のである。「行動させられる／統治される」のではない。

さらに、

政府の行為によって再び戦争の惨禍が起ることのないようにすることを決意し

この部分に、わざわざ「政府の行為によって」という一文があることに注目すべきである。「政府」が「国民」を支配し「戦争を起こす」ようなことがあってはいけない、と書いている。「政府」が主語になることを禁じている。「政府」の行動を縛っている。そのために憲法をつくったのである。

「政府」が「国民」を統治するのではなく、「国民」が「政府」を「統治する」のである。「統治される」ということばの「テーマ」となっているのは「政府」である。

ここが、自民党の改正案とまったく違う。

このことを明確にするために、

ここに主権が国民に存することを宣言し、この憲法を確定する。

と言い直している。「主権」は「国民」にある。あくまで「国民」が主語（主役）であって、「政府」はそれに従うもの。憲法は政府を拘束するもの、と宣言している。

これをさらに

そもそも国政は、国民の厳粛な信託によるものであって、その権威は国民に由来し、そ

の権力は国民の代表者がこれを行使し、その福利は国民がこれを享受する。

　と言い直している。書き出しの「国政は」は主語ではなく「テーマ」。これから「政府（政治）のことについて語ります」という主題の明示。「国民に由来し」「国民の代表者がこれを行使し」「国民がこれを享受する」と、しつこいくらいに「国民」ということばを補っている。「政府」は独立して「主語」にはなりえない、と語っている。

　これに対し、自民党の改正草案は、「国民」は「主語」ではない、と言っている。

　さらに注目すべきなのは、自民党改正草案に出てくる「人間」（登場人物）である。「国民」は「国民統治」という形で出てくるが、主体としては出てこない。かわりに「天皇」が出てくる。現行憲法では、前文には「人間」は「国民」しか出てこない。「天皇」は前文には登場しない。この違いは大きい。

「天皇」というのは「人間」というよりも「地位」かもしれないが、「立法／行政／司法」の「三権」に比べると、「変動（?･）」の少ない「地位」である。だれでも「天皇」になれるわけではない。選挙によってえらばれるのではなく、出産／誕生によって、自動的（必然的?･）に「天皇」に「なる」。

この一種の「普遍」の「地位」（血筋？）と「三権」の関係をみていくと、どうなるか。「変化するもの」は「あてにできない」。「変化しないもの」は「あてにできる」。つぎつぎにかわる人間が「統治する」よりも、かわらない「人間／地位（天皇）」が「統治する」という方が、統治のあり方としては安定するかもしれない。

でも、自民党の改正草案には「天皇が統治する」とは書いていない。あくまで「三権」によって「統治される」（三権が統治する）と書いてある。

しかし、片方に「絶対的」に普遍の「地位」があり、他方にひとが入れ替わる「権力」があるというのは、不安定だ。どうも、ぎくしゃくする。これを解決するにはどうすればいいか。

「統合の象徴」という便利なことばがある。「象徴」とは「実体」そのものではない。何かの代用。ということは、「三権」は、「象徴」を利用して、自分の意志で日本を「統治する」ということにならないか。

ここで、「統治する」という動詞にもどってみる。

自民党改正案では「三権」を主語にしているが、「三権」のうち、実際に「統治する」という行動ができるのは「立法／司法」ではない。「立法」は法律をつくること。

「司法」は法が正しく反映されているか判断する。

「行政」とは「政治を行う」こと。ここに「行う」という「動詞」がある。「政府」が「統治（政治）」を「行う」ということになる。「政府」が「天皇／象徴」を利用しながら「国民を統合する」というかたちで「統治する」ことを自民党の改正案はもくろんでいる。

「統合する／統治する」には「統」という文字が共通している。

政府の行為によって再び戦争の惨禍が起ることのないようにすることを決意し

という現行憲法の文言が削除されているのは、

政府の行為によって再び戦争を起こすことを決意する

が隠されていると読むべきである。「秘密保護法」「戦争法」と憲法の周辺から徐々に「統治しはじめている」のが安倍首相なのだ。

そして、最初の文章を「政府」を主語として読み直すとどういうことになるか。

日本国「というの」は、長い歴史と固有の文化を持「っていると、政府は考える」、日本国「というの」は、国民統合の象徴である天皇を戴く国家であ「ると政府は考える」、日本国「というの」は、国民主権の下、立法、行政及び司法の三権分立に基づいて統治される「と政府は考える」。

「政府」を「安倍首相」に置き換えてもいい。「考える」というのは、名詞化すると「思考」あるいは「思想」になるかもしれない。自民党憲法改正草案は、いわば政府の理想とする「思想」の「押しつけ」なのである。これ以外の「思想」を持つことを許さない、と「政府(安倍首相)」が国民(私たち)に押しつけようとしているのである。

4

「改変」の細部を見落とすな

震源は「政府」にある

自民党憲法改正草案「前文」のつづき。

我が国は、先の大戦による荒廃や幾多の大災害を乗り越えて発展し、今や国際社会において重要な地位を占めており、平和主義の下、諸外国との友好関係を増進し、世界の平和と繁栄に貢献する。


「我が国は、……世界の平和と繁栄に貢献する。」と要約することができる。これだけ読むと、「正しい」ことを主張しているように見える。いや、「正しい」のだと思う。

でも、なんとなく嘘っぽい。いいことばかりが書かれているように思う。

いや、「嘘っぽい」ではなく、ここには「嘘」が書かれている。

それは、

我が国は、先の大戦による荒廃や幾多の大災害を乗り越えて発展し、

この部分である。

「大戦による荒廃」や「幾多の大災害」ということばのつなぎ方が奇妙である。「大戦」と「大災害」は同列のものなのか。「大戦（戦争）」は国が引き起こすもの。人為的なもの。「大災害」には人為的なものもあるが「自然」が原因のものもある。たとえば「大地震」。もちろん「大地震」も人知をつくし予知し、災害規模を減らすことはできるだろうけれど、地震そのものを発生させないというのは困難だろう。それは「戦争」と同列にあつかってはいけないものなのだ。別のものなのだ。

しかし、自民党は、それを別のものと考えない。

「大戦による荒廃や幾多の大災害」とことばをつなげるとき、「大戦」もまた、不可抗力で起きたかのように見えてしまう。そこに「ごまかし／嘘」がある。

「先の大戦」は地震のように、人間の支配できないところで発生したのではない。「先の大戦」の「震源」は「政府」にある。だから現行憲法では、

政府の行為によって再び戦争の惨禍が起ることのないようにすることを決意し、

という一文がある。

自民党の憲法改正草案には、この「反省」がない。まるで日本が他国の戦争に巻き込まれ（あるいは他国から戦争をしかけられ）、その結果「荒廃」したように読めてしまう。いや、「反省」をわざわざ省略し、「先の大戦」を「大災害」と同等に扱うとき、そこには「先の大戦」を「大災害」と見る視点が隠されている。

この「大災害」を前面に出し、「戦争」を背後に隠して「論理」を展開する方法は、現実に起きている。たとえば、地震災害。直近の熊本地震のとき、自衛隊が救助活動に活躍した。そのことを取り上げて自民党は「自衛隊は貴重な仕事をしている。それなのに共産党は自衛隊を違憲だと主張している、廃止しようとしている」云々。しかし、共産党は「自衛隊」が災害救助に活躍することを批判しているわけではないだろう。「戦争」に駆り出すことに反対している。だから、自民党の論理を逆に言い直せば、「なぜ災害救助に重要な役割を果たしている自衛隊を戦場に行かせ、死ぬ危険にさらさなければならないのか。災害救助に必要な存在なら、戦場に行かせるような法律はつくるな」ということになる。「戦争法」をつくって自衛隊員を戦場に行かせるのは、おかしい。「戦場」は「自然災害の現場」ではないのだから。だが自民党（安倍首相）はそうは考えない。――ここからも、自民党は「戦争」と「災害」を区別しないでいることが指摘できる。「戦争」を「災害」と呼ぶことで、自衛隊を戦場に行かせることを当然だと考えていることがわかる。

自民党の憲法改正案には、「先の大戦」の責任（敗戦の責任）は「政府」にはない、という思いが隠されている。他の国が悪いのだという思いが隠されている。「反省」をせずに、責任を他者に転嫁したところから、自民党の憲法改正草案は書かれている。

改正草案の前文のつづき。

日本国民は、国と郷土を誇りと気概を持って自ら守り、基本的人権を尊重するとともに、和を尊び、家族や社会全体が互いに助け合って国家を形成する。

我々は、自由と規律を重んじ、美しい国土と自然環境を守りつつ、教育や科学技術を振興し、活力ある経済活動を通じて国を成長させる。

日本国民は、良き伝統と我々の国家を末永く子孫に継承するため、ここに、この憲法を制定する。

私は、ここにもつまずく。

「国民」と「国家」の関係が逆ではないだろうか。

「日本国民は、……国家を形成する。」という最初の文が美しいので、それにひきずられてしまうが……たぶん、文の最後の「国家」は「社会」とかわらない。人と人との関係である。それを「国家」と言い直し、論理をずらしている。

「国」が「国民」を守るとき、そこに「国家」が生まれる。「国が、国民を成長させるとき（充分な教育の機会を提供し、国民のひとりひとりが成長するとき）、国家は必然的に成長する」。「国が、老人もこどもも大切にするとき、国民のいのち、文化は、おのずと継承されていく。人間のいのちそのものが継承されていく。」

「国」はそれを助けるもの。「国」は国民を守るもの。「国」が国民を大切にするとき、国民はおのずと「国」の重要性に気がつき、「国」を大切にするだろう。

それに、「国」と「人間」の関係は、「国」は「国民」を選べないのに対し（その「国」で生まれてきて、そのひとがその「国」で生きることを選んだとき、「国」はそれを拒めない）、「人間」は「国」を選べる。「亡命」とか「移住」とか。あるいは、選挙によって「政府」を選ぶことができる。こういう「選択権」を自民党の憲法改正草案は否定している。憲法は「政府」を拘束するものであるはずなのに、自民党は、憲法を「国民」を縛るものとする「定義」によってつくっている。逆の「思想」でつくっている。

国が国民より優先されていないか

「和を尊び、家族や社会全体が互いに助け合って国家を形成する。」は「美しいことば」だが、奇妙である。「和」というものは最初からあるものではない。「家族」「社会」のなかには、さまざまな人間が生きていて、それぞれに考え方が違う。ときには、激しい議論も必要である。「ことを荒立てる」ことも必要である。「家族」を解消しないことには生きていけない場合もある。

ここにも、「国／枠組み」が最優先し、「国民」はそれにしたがう、「国／枠組み」が「国民」を支配するという姿勢が隠されている。

それにしても、「日本国民は、」からはじまる文章は非常に気持ちが悪い。そこには

「世界」というものが認識されていない。「日本国民は、」と国民をおだてておいて、「日本」は特別な国であると言おうとしているように思える。

現行憲法と比較するとはっきりする。

前文　2

日本国民は、恒久の平和を念願し、人間相互の関係を支配する崇高な理想を深く自覚するのであって、平和を愛する諸国民の公正と信義に信頼して、われらの安全と生存を保持しようと決意した。われらは、平和を維持し、専制と隷従、圧迫と偏狭を地上から永遠に除去しようと努めている国際社会において、名誉ある地位を占めたいと思う。われらは、全世界の国民が、ひとしく恐怖と欠乏から免かれ、平和のうちに生存する権利を有することを確認する。

現行憲法も「日本国民は、」と書き出されているが、そのことばの先には「国（日本）」だけがあるのではない。「日本国民」の先には「諸国民（他の国の国民）」「全世界の国民」ということばがある。「国（日本）」か「国民（全世界の国民）」かという違いはとても大きい。

「国民」というのは「仮の呼称」であって、ほんとうは「人間」。「人間」は「人間」と付き合う。「個人」と「個人」が向き合う。それが「何国人」であれ、「人間」は「何国」と向き合うわけではなく、「人間」と向き合う。「国」は関係がないのである。「政府関係者」か何か、特別な仕事についていないかぎりは、「人間」は「人間」と出合うのであって、「国」と交流／交渉するわけではない。「国」が「国民」を縛る（拘束する／決定する）のではなく、「国民」が「国」を拘束し、すべてを決定する。それが「国」と「国民」の基本的なあり方だから、現行の憲法は、「日本国は」といわずに「日本国民は」と書いている。

それは「ひとりひとりの日本国民」に代わって、「世界の国民」に向かっての呼びかけなのだ。「私はこうします」と言っているのだ。

「国民」が「国」をつくる（拘束する）ものであるからこそ、最後の「国家」についての部分でも、主語は「われら（国民）」なのである。

われらは、いずれの国家も、自国のことのみに専念して他国を無視してはならないのであって、政治道徳の法則は、普遍的なものであり、この法則に従うことは、自国の主権を維持し、他国と対等関係に立とうとする各国の責務であると信ずる。

ここに書かれている「自国」は「日本」ではない。「国」という「概念」そのものである。「他国」も特定の国を指しているのでなく「概念」である。「自国／他国」は「各国」と言い直されている。「国」を「概念」として提示したあとで「われらは」と言っている。

これは世界に向けた宣言である。

自民党の改憲草案にも「諸外国との友好関係を増進し、世界の平和と繁栄に貢献する。」ということばはあるのだが、最後は「諸外国」「世界」を脇に押しやって、「日本国」のことだけを言っている。

だから「理念」として、気持ちが悪い。他者を排斥しているから、ぞっとする。

日本国民は、良き伝統と我々の国家を末永く子孫に継承するため、ここに、この憲法を制定する。（自民党憲法改正草案）

自国の主権を維持し、他国と対等関係に立とうとする各国の責務であると信ずる。（現行憲法）

「日本」に焦点をあてた「視野狭窄」の自民党憲法改正草案には、「対等」という思想が欠けている。これは裏を返せば「日本が優秀である」という「独断」によってつくられた「改憲草案」であることがわかる。「良き伝統と我々の国家を末永く子孫に継承する」というのは、「ドイツ民族のよき伝統を末永く子孫に継承する」という「理念」のためにユダヤ人を抹殺したヒトラーの思想そのものではないか。

「先の大戦」に負けたが、日本は「正しい」。負けたのは「間違っていた」からではなく「大災害」だったのだという「声」が隠れている。

社会秩序の混乱とは

自民党の改憲草案では、もっぱら「第九章　緊急事態」が取り上げられるが、細部の一つひとつの「改変」を見落としてはならない。

「緊急事態条項」でも、

我が国に対する外部からの武力攻撃、内乱等による社会秩序の混乱、地震等による大規模な自然災害その他の法律で定める緊急事態において、

と、「外部からの武力攻撃（戦争）」と「自然災害」が同列に書かれているが、これはすでに「前文」に書かれていることである。「前文」に書かれているからこそ、そこで書き足りないものが補足されている。

「内乱等による社会秩序の混乱」ということばは「前文」になかったものであり、「こっそり」とつけくわえられているとも言える。そして、その「こっそり」に注目するなら、これこそが自民党憲法改正草案の「いちばん重要な部分」ということができる。

「外国が攻めてきた、大変だ、戦争だ。自衛隊の皆さん、助けて。」というのは、わかりやすく、きっとだれも反対しない。「大地震だ。自衛隊の皆さん、助けて。自衛隊がいてほんとうに助かった。」も受け入れられるだろう。

けれど「社会秩序の混乱」って、何?

たとえば、私がこうやって自民党の憲法改正草案を取り上げて、これはおかしい。日本だけが特別な国であって、その国を守るために国民は国（安倍首相）の独裁を受け入れないといけないというような憲法はおかしいと言い続けると、それは「社会秩序を混乱させる」ということで、自衛隊を派遣して拘束しろ、ネットを切断しろ、パソコンを奪え（文書を抹消しろ）ということにだって、なりかねないのだ。私の発言のどこに問題がある？　誰かが疑問に思って問い合わせても「秘密保護法」の対象で答えられないということになるかもしれない。

すでに「改正しやすいところ／受け入れられやすいところから改正する」云々という「方法」が聞こえてくるが、「細部」を見逃してはいけない。

5
動詞に注目して読む

「第一章　天皇」

（現行憲法）第一条
天皇は、日本国の象徴であり日本国民統合の象徴であつて、この地位は、主権の存する日本国民の総意に基く。

（自民党改正草案）第一条
天皇は、日本国の元首であり、日本国及び日本国民統合の象徴であって、その地位は、主権の存する日本国民の総意に基づく。

どこが違うか。「象徴」は同じ。「日本国民の総意に基づく」も同じ（仮名遣いは考慮に入れない）。「元首」が改正案でつけくわえられたことばである。「元首」は、とてもひっかかるが、私は「名詞」ではなく「動詞」を中心にことばを読むところからはじめたい。

詩を読むとき、私は「動詞／述語」に注目して、そこに書かれていることをつかみ取る。同時に、ひとは大事なことを繰り返すということに注目し、同じことをどんなふうに繰り返しているか、そのことにも注目している。その、詩を読む方法を憲法にもあてはめて読んでみる。

私が最初に注目するのは、現行憲法の、

天皇は、日本国の象徴であり国民統合の象徴であって、

という部分。「象徴である」という「述語」が二回繰り返されている。改正案は、

天皇は、（略）、日本国及び日本国民統合の象徴であって、

と一回ですませている。

「意味」は同じであるように思える。同じことばを繰り返しつかうのは、「へたくそ」な日本語かもしれない。学校作文なら一回でいいと「添削」されるかもしれない。

なぜ、二回繰り返したのだろう。

私は、ここから考えはじめる。「法律家」ではないので、あくまで、そういうことばをつかうとき、ひとは何を考えているか。詩にこういう表現があったとき、私はどう読

むかというところからはじめる。

天皇は、日本国の象徴であり国民統合の象徴であって、

これは、

天皇は、国民統合の象徴であり日本国の象徴であって、

と、ことばを入れ替えても、意味は変わらないと思う。「象徴である」という「述語」は「天皇」という「主語」としっかり結びついている。そして、この「入れ替えが可能」ということは、裏を返せば「日本国」と「国民の統合」が同じものであるという証明だと思う。「日本国」とは何か、と問われたら、ここから「国民統合」（国民を統合したもの）であると答えることができる。「日本国＝国民統合」という対等の構図が「日本」という国の定義になる。

図式化すると「天皇＝日本国の象徴」「天皇＝国民統合の象徴」というふたつの「等式」から「日本国＝国民のあつまり（統合）」が導き出され、さらにここから「天皇＝

日本国＝国民統合（国民のあつまり）」という関係が浮かび上がる。「天皇」「日本国」「国民」は「象徴」ということばで、すべてイコール（等しいもの／対等なもの）になる。「天皇」を主語ではなく「テーマ」ととらえ直すと「日本国＝天皇（象徴）＝国民」という関係が成り立つのではないか。

改正憲法ではどうか。

天皇は、（略）、日本国及び日本国民統合の象徴であって、

「及び」ということばの「意味」がむずかしい。現行憲法をわざわざ書き直しているのだから「違う」という視点に立って見るべきだろう。「日本国」の象徴であり「国民統合」の象徴ではなく、あくまで「日本国及び国民統合」の象徴なのだ。「日本国」と「国民統合（国民のあつまり）」はイコールではない。「日本国」と「国民統合」を改正憲法は「入れ替えたくない」のである。イコールにしたくないのである。「日本国」が最初にきて「国民統合」があとにくる。その「日本国→国民統合」という切り離せない構図が「日本国」の定義になっている。国民がいて国があるのではなく、国があり、その下に国民がいる。この「国→国民」という関係を天皇が「象徴する」。「天皇→日本国

↓国民」という関係が、ここから浮かび上がるかなあ。

「事実」を言い回しで隠す

改正案に挿入された「元首であり」にもどってみる。

天皇は、日本国の元首であり、

これは、

天皇は、日本国の元首であり日本国民の元首であり、

また

天皇は、日本国及び日本国民の元首であり、

ということになる。

ここに「国→国民」という構図をあてはめると、「元首」はどこに入るだろうか。「元首→国→国民」とならないだろうか。そして、それは「天皇＝元首→国→国民」ということにもなるのだが、「国民」がいちばん下にきてしまう。改正憲法の「前文」に「国民主権の下」という文言があるが、「主権をもつ人間」がいちばん下にくるのは、まずい。矛盾している。だから、その矛盾、主権者の国民がいちばん下の位置にくるという関係を隠すために、「国民統合の象徴＝天皇」を持ち出し、「天皇＝元首→国→国民＝天皇」という奇妙な「幻（＝循環構造）」に仕立ててしまう。「幻」のなかで「国民」がいちばん下（支配される人間）であることがあいまいになる。

改正憲法では「国民」が支配される人間になるのだが、その「事実」を奇妙な言い回しで、意識的に隠しているように思える。

少しことばが先走りすぎたかもしれない。

「元首」の「意味」をもうすこしていねいに考えてみたいのだが、その前に「象徴」ということばを振り返ってみる。

たとえば「赤い薔薇」は「美の象徴」である、という言い方がある。愛している女性を「赤い薔薇」と呼ぶとき、それは「恋人＝赤い薔薇（比喩）」であり、「赤い薔薇＝美

（象徴）」ということになる。「赤い薔薇」と「美」は「具体的存在」と「抽象的概念」と区別して言うことができるから「同じもの」ではないが、ことばを動かしている人間にとっては（ことばを聞いている人間にとっては）、「同じもの（イコール）」である。（「比喩」は、具体的なものを別な具体的なものでいいなおすこと、「象徴」は具体的なものを抽象的なものと結びつけて同じであるということ、と考えることができる。）

「象徴である」は「同じものである（イコールである）」という「意味」としてとらえなおすことができる。厳密には違うだろうけれど、通い合うものがある。「同じもの」は抽象的に言い直すと「同等のもの／対等のもの」ということになるかもしれない。恋人を「赤い薔薇」と呼ぶとき、「赤い薔薇」は「美」という概念と「同等のもの／対等のもの」である。

だから、現行憲法の、

天皇は、日本国の象徴であり国民統合の象徴であって、

というのは、

天皇は、日本国と「同等のもの／対等のもの」であり国民統合と「同等のもの／対等のもの」であって、

と「強引に」言い直すことができる。天皇は別に偉くないのである。「象徴／意味の目印」なのである。

「元首」とは何か?

改正憲法は「元首」を「定義」していないし、そのことばが出てくるのも一回だけなので、「主語／述語」の関係から「内容」を特定することがむずかしい。だから「常識」から判断するしかないのだが……。

「元首」というのは「ひとり」である。ひとつの国に「元首」が一億人いたら、それは「元首」ではない。「特別な存在」である。「特別な存在（ひと）」という意味では「天皇」と似ている。「象徴」というのも「特別なひと」に通じるかもしれない。だれもが「象徴」になれるわけではない。

この「元首」と呼ばれるひとは、ほかのひととどう違うか。私の知っていることをつなぎあわせると、「元首」は多くの人を代表するほかに、多くの人を支配する。たとえば北朝鮮の金総書記。「代表する」ときは「対等／同等」かもしれないが、「支配する」ときは「対等／同等」ではない。「支配者」である。

この「元首＝同等ではない存在／支配者」と、先に見た「象徴＝他とは対等／同等のものである」ということばを、改正草案にあてはめて読み直すとどうなるか。

天皇は、日本国の元首であり（つまりたったひとりの特別なひとであり／支配者であり）、日本国及び日本国民統合の象徴であって（つまり対等／同等な意味をもつひとであって）、

ということになる。

「国民とは違う特別なひと／支配者」であると「国民と対等の意味をもつひと」であるというのは相いれない。矛盾する。

この「矛盾」を解消するために、

その地位は、主権の存する日本国民の総意に基づく。


という文を改正憲法はつづけるのだろう。

このとき「総意に基づく」は「国民の了解を得た」という意味である。「矛盾」していても、それでいい、「国民が認めた」と、その「矛盾」を押しつけている。「国民」のせいにしている。

現行憲法にも「総意に基く」という同じ文章があるが、「対等／同等である」のだから、別に反対する必要はないだろう。

それに「この地位は」の「この」にも注目しよう。「この」は自分の身近にあるものをさすときにつかう。「対等／同等」の感覚があるから、それは「身近」なのだ。「この地位」は「天皇は象徴であるという地位」はであると同時に、「天皇と国民は支配／被支配の関係にない（対等である）」という意味でもあるだろう。「この」のなかには「国民」が含まれる。

ところが、改正草案は、「この地位は」と言わずに、「その地位は」と言っている。少し「離れた」ものとして「天皇の地位」を考えている。なぜ、離れるかといえば「対等

／同等」ではないからである。「国民」と一緒にしてはいけないから、「その」ということばで距離をつくりだす。「特別な存在」だから、「特別」を強調するために「その」ということばで切り離すのである。「その」には「国民」が含まれない。

で、もう一度、

天皇は、日本国の元首であり

にもどる。

これは、

天皇は、日本国の元首であり日本国民の元首であり、

ということになるのはすでにみてきた。「日本国民」がいなければ「日本国」の「元首」にはなりえない。「国民」を必要としている。

「元首である」を「支配する」と言い換えると、

天皇は、日本国を支配し日本国民を支配する

あ、これでは、何か「まずい」ものがあるね。それが「まずい（露骨）」ものだからこそ、

その地位は、主権の存する日本国民の総意に基づく。

と現行憲法にあったことばをそのまま借用して「まずい」部分を隠す。現行憲法と「同じ」を装う。さらに「総意に基づく」とだめ押しすることで、「国民はそうなることを選んだ」と言うのである。

でも、天皇がほんとうに「元首」になってしまったら、「政治」はどうなる？　天皇がすべてを決める？　だいたい、天皇が「元首＝支配するひと」になりたがるかなあ。なってくれるかなあ。「特別な人間ではない＝人間宣言」をした天皇（の子孫）が再び「特別なひと」をそのまま受け入れるとは思えない。

だからだろう。改正憲法は、第五条で、

天皇は、この憲法の定める国事に関する行為を行い、国政に関する権能を有しない。

と、つけくわえる。この文言を読むと「元首＝何でもできる偉いひと」というイメージは消える。

「元首」なので憲法に従い「国事」は行うが、「元首」なのに「政治（国政）」には関与しない。「元首」であるけれど、「政治」は行わない。

じゃあ、だれが「政治（国政）」を行うのか。こう考えるとき、ここから違う風景が見えてくる。

誰が政治を行うか。改正憲法の「天皇」の部分には書いていない。常識（あるいは現実）に即して考えると「内閣（行政府）」であり、その長である「内閣総理大臣」だ。天皇を「元首」という地位に置いておいて、その天皇には権限を与えず、内閣がかわりに「政治」をするということかな。何だかよくわからないが、これは「虎の威をかる」という感じだなあ。

天皇は、日本国の元首であり日本国民の元首である（日本国を支配、統治する権限をもっている）。「天皇というのは」日本国及び日本国民統合の象徴であって、実際には政治をしないし、特別な権力も発揮しない。そういう「お飾り」的な地位は、主権の存する日本国民の総意に基づく。

行政は、あくまで「内閣／内閣総理大臣」が行う。

そうは書いていないのだが、思わず、そういうふうに読み直してしまう。(「行政は……」のくだりがないのは、「第一章」のテーマが「行政」ではなく「天皇」だからである。そこに書くことができないから、書いていないのである。)

このとき、

天皇は、日本国の元首であり、日本国及び日本国民統合の象徴であって、

は、

天皇は、日本国の元首という象徴であり、日本国及び日本国民統合の象徴であって、というふうに読めてしまう。「元首」としての権力を行使するわけではない、つまり実体がないのだから「象徴」というしかなくなる。

このとき、

日本国の元首という象徴であり、

は、どういうことになるのだろうか。繰り返しになるが「実権をもたない」ということになる。「象徴」とは「実体」ではない。「実」を含まない。いわば「虚」である。

これを「実」にかえるためには、どうしても「実行者」が必要になる。「元首」のかわりに「首相」が必要になるということを意味する。「元首」の仕事を誰かにまかせなければならなくなる。

「天皇（元首＝象徴）」ではなく、

元首（＝首相＝実体）→国→国民

という形にならざるを得ない。

でも「元首」を「象徴」と言い直し、それを「首相」が代行し、権力をふるうと、「象徴」ということばを媒介にして、「天皇＝首相」という「算数」が成り立ってしまう。

天皇は元首という地位の象徴であり、天皇は実際の行政をおこなうことはなく、内閣が行政をおこなうのだから天皇は内閣の象徴である、ということになる。このとき「日本国」は「内閣」の象徴（等しい存在）になる。内閣の実施する「行政」が「日本」を形作る。「日本」を決定する。

ここから「内閣総理大臣↓天皇（元首）↓国↓国民」という図式が見えてきてしまう。内閣は天皇という存在を象徴として利用し、国と国民に権力をふるうということが見えてきてしまう。でも、これでは「まずい」ので、なんとか「内閣総理大臣↓天皇↓国↓国民」という形を隠そうとしているのではないか。そして同時に、その天皇＝象徴という「幻想」を作り出し、その「幻想」は「国民が求めたもの」という形にしたいのではないか。

そういうことを感じさせるのは、改正案の第六条があるからだ。

天皇は、国民のために、国会の指名に基づいて、内閣総理大臣を任命し、内閣の指名に基づいて、最高裁判所の長である裁判官を任命する。

現行憲法では、第六条は

天皇は、国会の指名に基いて、内閣総理大臣を任命する。
2　天皇は、内閣の指名に基いて、最高裁判所の長たる裁判官を任命する。

現行憲法には存在しない「国民のために」という文言が、改正案では、わざとらしく挿入されている。これは「内閣総理大臣が国民を支配するぞ」という意志を隠すための「嘘」だ。「国会」が「選挙によって選ばれた議員」によって構成され、その議員が総理大臣を選ぶなら、それは国民の選んだ総理大臣ということになるのだから、わざわざ「国民のために」ということばなどいらない。

必要な部分に「国民」ということばを省略し、不要な部分に「国民」ということばを補っている。これは天皇がわざわざ国民のためにしていること、天皇のお墨付きであるといいたいのだ。天皇を利用しているのだ。

「国民のための」憲法を装いながら、「国民を支配するための」憲法をつくろうとしている姿勢が、天皇について触れた部分からもうかがえる。「国民」とか「主権」とかいうことばを、なんだか国民をごまかすためにつかっているような気がしてならない。「象徴」ということばを引き継ぎながら、「象徴天皇」を隠れ蓑にしようとしている。

この「天皇」の章に、

第三条
国旗は日章旗とし、国歌は君が代とする。
2　日本国民は、国旗及び国歌を尊重しなければならない。

が新設されているのにも驚く。
テーマが「天皇」なのに、突然、国旗と国歌が登場する。ここに「君が代」がくると、詩の「君が代」の「君」は天皇の意味に限定される。「天皇」を思う歌になる。さらには「国民は…しなければならない」と国民の義務が定められている。非常に奇異な感じがする。天皇がテーマなのだから、「天皇は……しなければならない」と天皇の義務を定めているのならわかるのだが。

6

動詞の位置の変化を知る

安全保障

「第一章　天皇」の文章は、とても奇妙だった。

天皇は、日本国の元首であり、日本国及び日本国民統合の象徴であって、その地位は、主権の存する日本国民の総意に基づく。（自民党改正草案）

天皇は「日本国の元首である」、天皇は「日本国及び日本国民統合の象徴である」と「ひとつ」の「主語」が「ふたつの述語」を持っている。このとき、その「述語」が必ずしも一致しなくてもいいのかもしれないが。

たとえば、「私の恋人は美人であり、短気である」というとき「美人」と「短気」は一致するものではない。こういうときは「私の恋人は美人である、しかし、短気である」と、「しかし」という「接続詞」で違うものを結びつけることが多い。「しかし」がないときは、ふたつの「述語」は、暗黙のうちに「共通」のものとみなされる。「私の恋人は美人であり、聡明である」は「美人（長所）」と「聡明（長所）」の「長所」が共通する。イコールになる。「美人（長所）」と「短気（短所）」は「長所」「短所」が反対だから、「しかし」という「逆接」の「接続詞」が必要になる。

天皇の「定義（？）」には「接続詞」がないから、「元首である」と「象徴である」は「暗黙」のうちにイコールになっていなければならない。

でも、「元首」と「象徴」はイコール？　私の印象では違うなあ。「元首」というのは「権力」という実行力をもった現実の人間。「象徴」というのは「現実」ではなく「方便」というか「虚構」に属する。「実」と「虚」が並列して結びつけられている。「元首」という肩書が「虚構」のものであるなら、どこかに「影の（ほんとうの）権力者」がいることになる。「虚構の元首」を「象徴」として存在させ、その影でほんとうの「権力者」が何かしようとしている。だれかがほんとうの権力者になろうとしている。そのために天皇を利用しようとしている。

私は、そんなことを考えたのだった。

しかも、その「天皇は」という書き出しは、後半「その地位は」と言い直されることで「主語」から「主題（テーマ）」に変更させられている。「天皇＝元首＝象徴」という「虚構のテーマ」は「主権の存する日本国民の総意に基づく」と定義されている。「天皇

＝元首」という「虚構」を「象徴」として受け入れ、「実際の権力」はここに書かれていないだれかに託すことを、日本国民は「総意」として受け入れる、と「定義」しているように感じてしまう。

私は「法律家」ではないから、「法律的」にはどう読むのかわからないが、そう読んでしまう。

「第二章　安全保障」も、「改正」部分が、とても奇妙である。

現行憲法と改正草案を比較してみる。

第二章　戦争の放棄（現行憲法）

第九条

日本国民は、正義と秩序を基調とする国際平和を誠実に希求し、国権の発動たる戦争と、武力による威嚇又は武力の行使は、国際紛争を解決する手段としては、永久にこれを放棄する。

第二章　安全保障（改正草案）

第九条
日本国民は、正義と秩序を基調とする国際平和を誠実に希求し、国権の発動としての戦争を放棄し、武力による威嚇及び武力の行使は、国際紛争を解決する手段としては用いない。

いちばん大きな違いは「放棄する」という「動詞」の位置の変化。

現行憲法は、「日本国民は、戦争と、武力の行使は、放棄する」と要約できる。「これを」と書いているが「戦争と、武力の行使」というふたつのことを指しているので、「これら」と読むことができる。それを複数形ではなく「これ」と単数形で書いているのは、「これ」が指し示す内容が「補語」ではなく、「テーマ」だからである。「テーマ」は、この場合、最初に書かれている「戦争（放棄）」である。「戦争を放棄する」と最後に念を押しているのである。

現行憲法は、「テーマ（主題）」と「主語」を明確に区別しながら書かれている。

改正草案は、「日本国民は、戦争を放棄し、武力の行使は、用いない」。完全にふたつの文にわけることができる。改正草案では「日本国民」という「主語」が一貫しているが、そこには現行憲法を貫いていた「テーマ」が「縮小」されている。「これ」という

「テーマ」を指し示すことばを省くことで、「テーマ」そのものを変更している。

そして、改正草案は、「テーマ」を省略し、「主語」だけを明記することで、ずるいことをやっている。

「日本国民は戦争を放棄し、武力の行使は、用いない」。しかし「日本国」が「武力を行使する（結果的に戦争をする）」ことを憲法では禁じていない、と読み直すことができる。

現行憲法も、主語は「日本国民」なのだから、「国民は戦争を放棄するが、国が戦争を放棄することを禁じていない」と読むことができる、という意見も成り立つかもしれない。

だからこそ、「第二項」がつけくわえられている。

（現行憲法）

2　前項の目的を達するため、陸海空軍その他の戦力は、これを保持しない。国の交戦権は、これを認めない。

　ここには「日本国民は」という「主語」は書かれていないが、「日本国民は、国の交戦権は、これを認めない」という意味である。「テーマ」は「日本の交戦権」である。それに先立つ「陸海空軍その他の戦力は、これを保持しない」というのも、「これを保持しない」と「これ」と言い直されていることからわかるように「テーマ」である。

　また現行憲法が「武力による威嚇又は武力の行使は」と「又は」という接続詞がつかわれていることにも注目したい。「又は」は反対のことというか、違った概念を導くときにつかわれる。ここからは、私の推測になるのだが、「武力による威嚇」とは日本から外国への行為であり、「武力の行使」とは「防戦」のことではないのか。日本から外国へ武力で威嚇はしない、また、外国から武力で威嚇されても武力で防戦しない、と言っているように感じる。改正案の「及び」では「外国から威嚇されても」という感じが抜け落ちる。

　日本国民は「国」に対して、何があっても「国の権力（交戦権）」を認めない、と宣言している。「国」に主権があるのではなく、国民に主権があるから、国民は国に対して命令することができるのである。

「第二章　戦争の放棄」で「主語」を明確に「日本国民は」と書いている理由は、そこにある。

改正草案はどうか。

2　前項の規定は、自衛権の発動を妨げるものではない。

「国の交戦権」がすっぽり落ちている。国民は「認めない」も落ちている。そして「自衛権」という概念が持ち出されている。つけくわえられている。いや、すりかえられている。「自分を守る」というのは、「肉体」にぐいっと迫ってくることばである。だれでも死にたくはない。ましてや殺されたくはない。だから「自衛権」と言われると、それに反対する「根拠」がなかなか見つけにくい。「又は」と「及び」の違いにもどって言えば、「外国から武力で威嚇されたら」、「防戦に武力をつかわざるを得ない」「武力で自衛する（自衛権を発動する）しかない」と言われると、反論はむずかしい。「言論で交渉をつづける」と反論すれば「空想論だ」と言われるだろう。「外国から武力で威嚇されたら」という仮説自体が「空想」なのだけれど。

しかし、それ以上に、重要な変更がここにある。

「主語」はどうなったか。

「日本国民は、自衛権の発動を妨げるものではない。」と読み直すことができるかもしれないが、改正草案は、

前項の規定は

と書いている。「規定」は「妨げない」。これは、私のような素人にはわかりにくいが、単なる「解釈」だ。「解釈」を書いている。「意味」を説明しなおしている。その意味の説明のし直しを「日本国民」がしている、と改正草案を書いた自民党は言いたいのかもしれないが、そうではない。

それは現行憲法にはない「第九条の二」を読むと、はっきりする。改正草案は、次のように書いている。

第九条の二
我が国の平和と独立並びに国及び国民の安全を確保するため、内閣総理大臣を最高指揮官とする国防軍を保持する。
2　国防軍は、前項の規定による任務を遂行する際は、法律の定めるところにより、国

会の承認その他の統制に服する。

第一項の「主語」は何か。わからない。「日本国民」と読めないことはない。「日本国民は、国防軍を保持する」という文章は成り立つ。

しかし、そのあとはどうか。第二項はどうか。

「国防軍は」と書き出される。「主語」が「日本国民」から「国防軍」にすりかえられている。「日本国民」の意志は、以下では完全に無視される。

それを決定づけるのが、改正草案の「第九条の三」である。

国は、主権と独立を守るため、国民と協力して、領土、領海及び領空を保全し、その資源を確保しなければならない。

「国防軍」という「主語」がいきなり「国」と変わっている。

現行憲法では、「戦争の放棄」についての「主語」は「日本国民」で一貫していたが、改正草案では「日本国民→国防軍→国」へと変化している。

なぜ、「国防軍」から「国」へ「主語」を変化させなければならなかったのか。

国民と協力して、

ここに突然復活してくる「国民」に意味がある。「軍隊」というのは「ひとり」では構成できない。人間が必要になる。そして、その人間というのは「最高指揮官／内閣総理大臣」という要職についているひとりの人間のことではなく、実際に兵隊となり、戦場で人を殺し、殺される多数の人間である。

そういう兵隊を確保するために、どうするのか。

徴兵制の定義

「国民と協力して」というのは「徴兵制」によって国民を兵隊にして、という意味である。

「内閣総理大臣が最高責任者なのだから、内閣の閣僚と戦争に賛成した与党の国会議員だけで日本を守ってくれよ。高い金を出して立派な武器を買ったんだから、庶民が兵隊になんかならなくても大丈夫でしょ？　日本を守ってくれると言ったから投票したんであって、兵隊になるために投票したんじゃないよ」

こういう「論理」は、まあ、通じない。

「国」が「国民」を支配する、という自民党の「思想」が、「主語」を変更することであらわれている、ここに自民党の「思想」を読み取るべきだと、私は思う。

と、ここまで書いてきて、突然、気がついたことがある。

「第一章　天皇」「第二章　戦争の放棄」（改正草案では「安全保障」）。まだ「国民」が「主題（テーマ）」になっていない。

「国民主権」なのに「主役」の「国民」がテーマになっていない。「国民」がテーマになるのは「第三章　国民の権利及び義務」である。

第一章が「天皇」なのは、たぶん、日本の特殊事情。明治憲法を一気に書き直すことができなかったということだろう。現行憲法を「押しつけ憲法」と自民党は言っているが、ほんとうに「押しつける」気持ちがあるなら、「天皇」から憲法をはじめないだろうなあ、と私は感じる。日本が「天皇」のことをまず「定義」するように要請したのだろう。

「第二章　戦争の放棄」というのも、「国民の実感」が優先されたのだろう。「国民とは何か」という定義よりも、「戦争は、もう絶対にいや」という気持ちが「国民」のあいだに「天皇への敬意」と同じように、みちあふれていたのだろう。もちろん「日本に戦争をさせたくない」という連合国側の思いも反映されているだろうが、「国民」の「定義」の前に「戦争の放棄」があることを、忘れてはならないと思う。

いちばん大事なことは最後に言う、というひともいるが、たいていはいちばん大切なことから言いはじめるのが人間だ。「意味」とか「思想」は、ことば（用語）のなかにだけあるのではない。どういう順序で語るか、どう言い直すか、というところにもあるのだ。

（私は詩を読むのと同じ方法で、「自民党憲法改正草案」を読んで、思ったことを書いている。私の「感想」は間違いだらけかもしれないけれど、間違いのなかでしか語れないものもあると思う。間違うというのは、ひとつの必然なのだと思う。だから、というと変だけれど。

多くのひとが、それぞれの自分のことばで「憲法改正草案」を読んで、思っていることを語ってほしいと思う。

音楽が好きなひとには音楽が好きなひとにしかみえない何かがあるだろう。美術が好きなひとには、また美術が好きなひとにしかみえない問題点が見えると思うし、セックスが好きなひとにはセックスが好きなひとにしかみえない問題点がある。実感から生まれることばは、すべて「思想」だ。)

7

憲法の読み方、安倍首相の論理の欠陥

政府の暴走

https://www.facebook.com/gomizeromirai/videos/1213620158678119/

右記のURLのビデオで安倍首相が「憲法」を批判している。二〇一二年十二月の発言であり、いまとは違うというかもしれないが、非常に疑問に思ったことがある。そのことを書いておく。

安倍首相の発言の要約。

「平和を愛する諸国民の公正と信義に信頼して、われらの生存と安全を保持しようと決意した」と書いてあるんですね。

つまり、自分たちの安全を世界に任せますよ、と言っている。そして「専制と隷従、圧迫と偏狭を地上から永遠に除去しようと努めている国際社会において、名誉ある地位を占めたいと思う。」

自分たちが専制や隷従、圧迫と偏狭をなくそうと考えているんじゃないんですよ。国際社会がそう思っているから助けてもらおうと。いじましいんですね。みっともない憲法ですよ、はっきり言って。

安倍首相の発言のすべてがビデオでわかるわけではないのだが、私には、安倍首相は憲法の前文を故意に省略しているように思える。

前文の第一段落に、

「政府の行為によって再び戦争の惨禍が起ることのないようにすることを決意し、ここに主権が国民に存することを宣言し、この憲法を確定する。」

と明記している。

戦争は「政府（国家権力）」が引き起こしたもの。引き起こすもの。「国民」が起こすものではない。

日本国民は、政府（権力）によって、そういう事態が起こらないようにするために、「主権は国民にある」と宣言し、政府（権力）の暴走を拘束するために、この「憲法」をつくる。

「主語」は国民。

「憲法は権力を拘束するもの」ということを、まず明確にしている。「国民」が「憲法によって、政府を暴走させない」、「政府が憲法を守るかどうか厳しく見つめる」と言っている。

これは、「私たちは、日本の政府（権力）の暴走を縛るために努力する」ということである。

「自分たちの安全を世界に任せます」とはひとことも言っていない。

逆である。

「世界の安全のために、日本の政府が戦争を引き起こさないように監視する、憲法を守らせる」と宣言している。

ここには第二次大戦が日本政府によって引き起こされ、その結果が世界に及んだという反省がこめられている。

主語は国民か国か

さらに、第二段落で呼びかけているのは、「諸国」に対してではない。「諸国民」と明確に書いてある。

「主権者」である「日本国民」が、やはり「主権者」である「諸国民」に呼びかけている。「主語／主役」の「日本国民」が、やはり「諸国」の「主語／主役」である「諸国民」に呼びかけている。「国民」こそが「主語／主役」であるという認識で、憲法が書かれている。「国」というのは「国民」があってはじめて生まれるのであって、「国」が「国民」を支配するという考え方は、どこにも書かれていない。

「戦争は、政府（権力）が引き起こすもの」。だから「平和を愛するなら、あなたがた諸国民もあなたの政府（権力）が戦争を起こすことのないように、権力の暴走を防いでほしい」と呼びかけているのである。これは繰り返しになるが、「私たち日本国民は、日本の政府が戦争を引き起こさないよう監視する」という意味である。

諸国の「政府」ではなく、諸国の「国民」を「信頼する」。

この思想の背景には、「国民は戦争を起こさない（起こせない）、戦争を起こすのは政府である（政府が戦争を布告する）」という考えがある。

この「思想」を安倍首相は、わざと省いている。

これは逆にいえば、安倍首相は「主権」が国民にあると考えていないということでもある。「主権」は政府にある、と考えているということでもある。

「専制と隷従、圧迫と偏狭をこの地上から永遠に除去しようと努めている国際社会において名誉ある地位を占めたいと思う」というのも、「国（政府／権力）」が「国際社会」で「名誉ある地位を占めたいと思う」と言っているのではない。「国（日本）」を「主語」にして発言してはいない。

前文の「主語」は一貫して「日本国民」である。「主権者」である。安倍首相は、このことをまったく理解していない。ほんとうに憲法を読んだのかどうか、疑問を感じてしまう。

現行憲法の前文は、

「主権者＝国民」は、他国の「主権者＝国民」と連携する、

と宣言している。

言い換えると、「主権者（国民）」は、「戦争を起こしたことのある政府」などは信頼しない、と言っているのである。信頼していないから、憲法をつくり、「政府」を縛りつけると言っている。

それくらいの強い気持ちを「前文」に込めている。

「政府を拘束するぞ」と言っている。

なぜ、政府を拘束するかと言えば、政府こそが戦争を引き起こすものだからである。

前文の「主語」が一貫して、国民であることは、最後の段落、

「われらは、いづれの国家も、自国のことのみに専念して他国を無視してはならないのであって、政治道徳の法則は、普遍的なものであり、この法則に従うことは、自国の主権を維持し、他国と対等関係に立とうとする各国の責務であると信ずる。

日本国民は、国家の名誉にかけ、全力をあげてこの崇高な理想と目的を達成することを誓う。」


からもわかる。

「われら」とは「国（政府）」ではない。「日本国民」である。

安倍首相が言うように、「自分たちが専制や隷従、圧迫と偏狭をなくそうと考えているんじゃないんですよ。」と言うことではない。

逆である。日本国民は、「日本の国から専制や隷従、圧迫と偏狭をなくそう」と努力する。　自分たちで、「日本の国から専制や隷従、圧迫と偏狭をなくそう」と言っている。

「政府（露骨に言えば、安倍首相のような人間）」は「専制や隷従、圧迫と偏狭」を日

本人に押しつけてくることがあるかもしれない。いま、まさに、そういうことが起きようとしている。それに対して憲法前文は「闘う」と宣言している。「専制や隷従、圧迫と偏狭をなくそうと考えている」と言っているのだ。

「諸国民」に対し、「日本政府（安倍首相）」の暴走を止めてくれ、と依頼しているわけではない。あくまで、日本国民は、「政府が暴走する国」をつくらない、「政府の暴走を許し、政府が戦争を引き起こすというようなことがないようにする」、そういう「国家をつくる」ことを誓うと言っているのだ。

どこにも「助けてもらおう」という気持ちはない。

安倍首相は、「いじましいんですね。みっともない憲法ですよ、はっきり言って」と言っているが、これは「安倍首相にとってはみっともない憲法である」という意味に過ぎない。つまり、この憲法のもとでは、「最高権力者」として日本国民を支配できない、これでは「最高権力者＝安倍首相」がみっともない。「最高権力者＝安倍首相」が国民より下なのは「みっともない」と感じているということだ。「最高権力者＝安倍首相」が国民の考えていることにしたがわなければならないなんて、「みっともない」と考えているのだ。

国民が「理想」を実現するために努力することを「ほこり」とはいわずに、「みっともない」と考えることこそ、私から見れば「みっともない」。あくまで「最高権力者＝安倍首相」は国民を支配しないことには「最高権力者」になれない、と思うことこそ「いじましい」。

安倍首相の発言は「国民」のことを考えない思想だ。国の「主役／主語」が「国民」であることを忘れた発言である。

8

主語によって改正か改悪かが違う

第三章　国民の権利及び義務

第三章は、国民と国との関係を定めている。

（現行憲法）第十条
日本国民たる要件は、法律でこれを定める。

（自民党改正草案）第十条
日本国民の要件は、法律で定める。

大きな違いは文の後段に「これを」があるか、ないか。
現行憲法は、「これを」ということばをつかうことで、前段が「主語」ではなく「テーマ（主題）」であることを明確にしている。
改正草案は、多くの条文で現行憲法の「主題」を明示するという文体を破棄し、「主語」なのか「テーマ」なのか、あいまいにしている。
「あいまいさ」を利用して、「改正案」がもくろんでいることを、分かりにくくしている。

（現行憲法）第十一条
国民は、すべての基本的人権の享有を妨げられない。この憲法が国民に保障する基本的人権は、侵すことのできない永久の権利として、現在及び将来の国民に与えられる。

（自民党改正草案）第十一条
国民は、全ての基本的人権を享有する。この憲法が国民に保障する基本的人権は、侵すことのできない永久の権利である。

「国民は、すべての基本的人権の享有を妨げられない。」の「主語」は「国民」。ただ「妨げられない」というとき、「主語」は「国民」なのだが、もう一つの「主語」がそこにある。「国」である。「国は、妨げてはならない。」が書かれていないが、はっきりと存在している。「侵すことのできない」は「国民は」であると同時に、「国は侵すことはできない」という意味だ。

第三章は国民と国との関係を定めている。常に「国」という「主語」を補って読まないといけない。

改正草案では、「国民は、全ての基本的人権を享有する。」ここには、「国」を補うことができない。「国」については何も定めていない。これが、とても重要だ。改正草案は「国」については何も定めず、フリーハンドにしているのだ。

隠されている「国」という主語

現行の「第十条　日本国民たる要件は、法律でこれを定める。」の後半は、「法律がこれを定める」と読み直すことができる。

ところが改正草案の方は「法律が」ではなく、実は、「日本国民の要件は、国が法律で定める。」なのである。「国」という「主語」が隠されている。「国」を隠しているのである。「法律」を「国」が自在に定めて、その法律で「国」の思うままにすると言っているに等しい。

「この憲法が国民に保障する基本的人権は、侵すことのできない永久の権利として、現在及び将来の国民に与えられる。」の部分はどうか。「国民に与えられる。」は「国は／国民に与えなければならない」、言い換えると「奪ってはならない（享有を妨げてはならない）」ということである。

改正草案の「この憲法が国民に保障する基本的人権は、侵すことのできない永久の権利である。」はどうか。やはり「国」を補って読むことができない。抽象的概念として基本的人権を定義しているだけである。

「国民に与えられる。」を削除することで、「国」の責任を放棄している。これは、逆に見れば、「国は、現在及び将来の国民から、それを奪うこともある」ということだ。「国」に、国民の権利を剥奪することを禁じていない。改正憲法は、「国への禁止事項」を持っていない。

国民と国の関係を定めるはずが、国については何も定めていない。かわりに国民への「禁止」を次々に定めているというのが「改正草案」の「ずるい特徴」である。

文体が「能動」から「受動」へ

（現行憲法）第十二条
この憲法が国民に保障する自由及び権利は、国民の不断の努力によって、これを保持しなければならない。又、国民は、これを濫用してはならないのであって、常に公共の福祉のためにこれを利用する責任を負う。

（改正草案）第十二条
この憲法が国民に保障する自由及び権利は、国民の不断の努力により、保持されなければならない。国民は、これを濫用してはならず、自由及び権利には責任及び義務が伴うことを自覚し、常に公益及び公の秩序に反してはならない。

現行憲法の第十二条は「国民の義務」を定めている。「主語」は「国民」。「国民は不断の努力により、これ（自由及び権利）を保持しなければならない。」「自由と権利」をもちつづけるのは「国民の義務」である。そして同時に、「国民」は「自由と権利」を「公共の福祉のためにこれを利用する責任を負う。」公共の福祉のために、利用しなければならない。これも「責任」ということばがつかわれているが「義務」である。「義務」は「責任」と同義なのである。

改正草案はどうか。「保持しなければならない」を「保持されなければならない」と言い換えている。「能動」から「受動」へと文体がかわっている。このとき、現行憲法では「主語」であった「国民」は消え、改正草案では「主語」は「自由及び権利」になっている。いや、これは「主語」ではなく「テーマ」か。しかし、何のために？　あるいはだれのために「保持されなければならない」のか。「保持するよう」求めているのはだれか。ここに「国」が隠されている。「国のために」は、後半にくっきりと出てくる。

改正草案の「公益及び公の秩序に反してはならない」の「公」とは「国」のことである。「国の利益」「国の秩序」に反してはならない。

現行憲法の「公共の福祉」も「国の福祉」なのではないか、と反論があるかもしれない。しかし、これは「国民の」であって「国の」ではない。「福祉」というのは「国民」のためのもの、「国」のためのものではない、ということから、それがわかるだろう。「国の福祉」というような言い方を、私たちはしない。ことばは、それがどんなふうにつかわれているか、ことばを動かしながら「意味」を特定していかないと、「隠された罠」を見落としてしまう。

さらに「改正草案」で問題なのは「反してはならない」という表現である。「禁止」している。だれが「禁止する」のか。「国民」か。そうではない。「国民」は他の国民に対して何かを「禁止する」ということができない。何をするか。それは「国民の自由」である。

では、何が「反してはならない」と言っているか。「国」である。書かれていない「国」という「主語」が「国民」に対して「禁止事項」を明らかにしている。

憲法というのは国（権力）を拘束するためのものだが、自民党は逆に「国民を拘束する」ために憲法を改正しようとしている。

その姿勢が、ここにも見える。

さまざまな「個」の存在

（現行憲法）第十三条
すべて国民は、個人として尊重される。生命、自由及び幸福追求に対する国民の権利については、公共の福祉に反しない限り、立法その他の国政の上で、最大の尊重を必要とする。

（改正草案）第十三条
全て国民は、人として尊重される。生命、自由及び幸福追求に対する国民の権利については、公益及び公の秩序に反しない限り、立法その他の国政の上で、最大限に尊重されなければならない。

現行憲法で「個人」と書かれていた部分が「人」になっている。
なぜ、現行憲法は「人」ではなく「個人」と書いているのか。それは「個人」ということばが向き合っているもの（個人ではないもの）が先に書かれているからである。第十二条の「公共の福祉」の「公共」。「公共」ということばを先に提示したので、それに向き合う「人」を「個人」と呼ぶ必要があるのだ。

「公共」とは「多数」である。「多数の福祉」のために「自由と権利」を利用する責務を負うのだけれど、だからといって「多数」に従わなければならないというのではない。何を「福祉」と考えるかは、ひとりひとり（個人個人）違うかもしれない。そういう場合は「多数」ではなく、あくまで「個人」の「あり方」が尊重される。「多数」が「これが福祉」と言っても、それに従わなくてもいいのだ。

「個人」の「個」はひとつ、ひとり。その対極にあるのが「多数」（公共）なのだが、「個」はまた単に「個」ではない。さまざまな「個」が存在するとき、その「個」は「多様性」の「多」に変わるものである。

「個人として尊重される」は「多様性」として尊重されるということである。他の国民から「多様性」のうちの「個人」として尊重される。これは、国民は他の国民の「多様性」を尊重しなければならない、という意味である。

同時に、「国」に対して「個人（多様性）」を尊重しなさい、尊重する義務があると言っているのである。

現行憲法の第十二条は、「憲法の主役」である「国民」の「義務と責任」について定めていた。つづく第十三条は「憲法の脇役／従役」である「国」の「義務と責任」について定めている。「個人として尊重する義務、多様性を認める義務と責任がある」。それがどれくらい尊重しなければならないものかというと、「最大」の尊重を必要とする。国は、ある国民が「そんなことはしたくない、こういうことをしたい」と主張した場合、「公共の福祉（国民の福祉）」に反しないかぎり、尊重しなければならないと「国」に「義務」を負わせている。

改正草案は「個人」を「人」と書き直すことで「多様性」を否定している。「多様性」を否定し、「国の利益」「国の秩序」に反しないかぎり（つまり、国の命令に従って国の利益になるように、そして国の秩序を守るならば）、その「人」は「国」にとって「最大限に尊重される」というのだ。国の命令に従って国の利益になるように、そして国の秩序を守る人を尊重するが、そうでなければ尊重しないぞ、と改正憲法は「本音」をここで語っている。

「国民固有」の「固有」の削除

（現行憲法）第十五条
公務員を選定し、及びこれを罷免することは、国民固有の権利である。

（改正草案）第十五条
公務員を選定し、及びこれを罷免することは、主権の存する国民の権利である。

「公務員」には議員が含まれる。議員を選び、罷免するのは、国の権利ではなく、国民「固有」の、つまり「国民」だけの権利である。この「国民固有の権利」が「主権の存する国民の権利」と「改正」されている。「国民主権」（国民に主権がある）のだから「主権の存する」は必要のないことば（意味上、重複することば）である。それをわざわざ「挿入」したのはなぜか。

「主権の存しない（主権を持たないもたない）国民」というものを、自民党の改正草案は念頭に描いているのだ。「公益及び公共の秩序／国の利益及び国の秩序」に反する国民には「主権はない」（主権を与えない）という意識がここに隠れている。

「国民固有」の「固有」を削除したのも、その証拠である。「国民主権」は「国」が「国民」に与えるもの、「国」が「国民」を選別して、ある人間には「主権」を与え、ある人間には「主権」を与えないというのだ。「国民」が国とは独立して「固有」の権利を持つことを改正草案は否定している。

「多様性」を認めない、という考えは、こういうところで「補強」されている。

9

政府は何を隠しているのか

思想の自由化

詩を読むのと同じ方法で「憲法」と「自民党憲法改正草案」を読む。「動詞」と「主語」の関係をつきつめて読む、ということをしているのだが、そういう読み方をしていくと、これはどういうこと？　とさっぱりわからない部分もある。

（現行憲法）第十八条
何人も、いかなる奴隷的拘束も受けない。又、犯罪に因る処罰の場合を除いては、その意に反する苦役に服させられない。

（改正草案）第十八条
何人も、その意に反すると否とにかかわらず、社会的又は経済的関係において身体を拘束されない。
2　何人も、犯罪による処罰の場合を除いては、その意に反する苦役に服させられない。

現行憲法の「その意」は「罪を犯して服役しているひとの意思」であると思う。「苦役」が何を指すかはわからないが、「強制された労働」と読み替えてみる。服役している人は、その仕事がいやでも、その仕事をしなければならない、という意味だと思う。

しかし、改正草案第一項の「何人も、その意に反すると否とにかかわらず、」の「その意」の「その」はどうだろう。「その人の」という意味だろうか。その場合「その意に反する」は「わかる」のだが、「否とにかかわらず」がまったく理解できない。「その意に反していない」なら、そういうときは「身体的拘束」を感じる？

現行憲法も改正草案も、犯罪者に対しては「服役」を求めている。

なぜ、現行憲法の「いかなる奴隷的拘束も受けない。」を、改正草案では「その意に反すると否とにかかわらず、社会的又は経済的関係において身体を拘束されない。」と言い直したのか。「奴隷」というものが現在は存在しないから、それを「社会的又は経済的関係において身体を拘束」と言い直しているのだとしても、「その意に反すると否とにかかわらず」の「否とにかかわらず」が、わからない。

「奴隷」の反対の概念（ことば）は「自由」である。

だから、現行憲法は、「何人も自由である。ただし、犯罪者はその自由を奪われ、自由ではなくなるときがある」と言っているように思える。

改正案は、「奴隷的拘束」を「身体を拘束されない」と言い直している。ここも、何とも、奇妙な感じがする。

「奴隷」って「身体」だけの問題？

「精神的奴隷」という言い方があるなあ。

現行憲法は、「身体」だけではなく、「精神的奴隷」のことも「視野」に入れているのではないか、と私は思う。

逆に言うと、改正草案は、「身体を拘束されない」と書くことで、「精神」は別問題と考えているのかもしれない、という「疑念」が浮かぶ。身体は拘束しない。しかし、精神は拘束することもあるといいたいのではないか、と疑念が生じる。

何を隠しているのだろう。

私の「読み方」では、何ともわからない。

ただし……。


（現行憲法）

第十九条

思想及び良心の自由は、これを侵してはならない。

を読むと、第十八条の「奴隷的拘束」の「奴隷」に「精神的奴隷」が含まれているのではないか、という私の「予感」が「正しい」もののように思えてくる。

どんなことがらでも、一回で言い切ることはできない。大事なことは「ことば」を変えて、何度でも言い直す。「奴隷的拘束」だけでは言えなかったことを、現行憲法は、ここで言い直している。「奴隷」には「身体的奴隷」と「精神的奴隷」がある。「身体的奴隷」はもちろん許されないが、「精神的奴隷」も許されない。その「精神」というものを、「思想及び良心」の「自由」と言い直している。これを「国」は侵してはならない。拘束してはならない。

第十八条の「その意に反する」とは「その人の精神、思想に反する」という意味である。服役している犯人が「爆弾テロリスト」である場合、毎日椅子をつくるのは彼の精神、思想に反するだろう。でも、こういうことを書いていいのかどうかわからないが、爆弾テロリストは椅子をつくりながらも「服役がすんだら、今度こそ爆弾テロを成功させて、社会を改革する」と思いつづけることはできる。「思想」は侵せない。

現行憲法は「思想及び良心の自由は、（国は）これを侵してはならない。」と国に「禁止」を申し渡しているのだが、それは国がしようとしてもできないことでもある。

　これを改正草案では、

第十九条
思想及び良心の自由は、保障する。

と「改正」している。「侵してはならない」と「保障する」の違いについては、すでに書いてきたので簡略に書くが、「保障する」というとき、そこには「国が理想とする思想及び良心」があり、その「理想」が一致するかぎり、その「自由」を「保障する」と言っているように思う。

　爆弾テロの例は極端すぎるが（いい例が思いつかないが）、改正草案はそういう「思想」を「国」は「保障はしない」と、間接的に言っている。つまり、「思想」を「国」は「管理する」と言っている。思想を「拘束する」と言っている。

（ある国の政府、ある組織の権力ならば、「爆弾テロ」の「思想」を推奨する。つまり、それこそが「正しい思想」だと後押しするだろう。）

　改正草案は、「思想及び良心」を選別し、それを「保障する」。この「保障する」は、別な言い方をすると、「理想とする思想及び良心」というものを提示し、それによって国民の「精神を拘束する」ということになるかもしれない。

私の書き方は「極端」すぎて誤解を与えるかもしれないが。

権利の保障

「思想及び良心の自由」というのは、「奴隷的拘束」があいまいだったように、とても「定義」としてあいまい。だから、その「典型」として現行憲法は「信教（宗教）」を取り上げて、そのことを言い直している。あるいは補足している。

（現行憲法）

第二十条

信教の自由は、何人に対してもこれを保障する。いかなる宗教団体も、国から特権を受

け、又は政治上の権力を行使してはならない。

「信教（宗教）」は「自由」。仏教だろうがキリスト教だろうがイスラム教だろうが、何を信じても、それを「侵さない」。そのかわり、どの宗教団体も「国から特権を受け、又は政治上の権力を行使してはならない。」これは、言い換えるとどの宗教も国に対して「守ってくれ」とは言えないということだ。

現行憲法は、「精神の自由」は「侵さない」と同時に「守りもしない」と言っているのである。

（現行憲法）第二十一条

集会、結社及び言論、出版その他一切の表現の自由は、これを保障する。

（改正草案）第二十一条

集会、結社及び言論、出版その他一切の表現の自由は、保障する。

2　前項の規定にかかわらず、公益及び公の秩序を害することを目的とした活動を行い、並びにそれを目的として結社をすることは、認められない。

現行憲法にはない「第二項」を追加している。そしてそこに「公益及び公の秩序」ということばが出てくる。これは第十三条に出てきたことばである。現行憲法第十三条の「公共の福祉」を改正草案は「公益及び公の秩序」と言い換えた。言い換えるとき、そこに「国の」という意味を含ませた。「国の福祉」とは言えないが、「国の利益、国の秩序」と言い換えることはできる。改正草案が「公」ということばをつかうとき、それは現行憲法の「みんなの」という意味ではなく「国の」である。

（現行憲法）

2　検閲は、これをしてはならない。通信の秘密は、これを侵してはならない。

（改正草案）

3　検閲は、してはならない。通信の秘密は、侵してはならない。

現行憲法の「検閲は」は「主語」ではなく「テーマ」。「主語」は書かれていないが「国は」である。「検閲については、国はこれをしてはならない。」

憲法は国と国民との関係を取り決めたもの。国は何をすべきか、何をしてはならないか、国民は何をしてもいいかを決めたもの。犯罪は「公共（みんな）の福祉」に反するからしてはならない。すれば「服役」しなければならない。しかし「みんなの福祉」に反しないなら国民は「自由」。

でも「国」は「自由」ではないのだ。

しかし改正草案は「これを」を省略することで、それが国に対するテーマではなく、一般的な、抽象的な倫理であるようにごまかしている。

「検閲は、これをしてはならない。」（現行憲法）の「これを」について、思いついたことを補足しておく。私は「これを」を「検閲は」という「テーマ」を再提示したものと読んでいる。「検閲については（テーマ）、国は検閲をしてはならない」という「意味」にとっている。「国は」という「書かれていない主語」をそこに補って読む。

「集会、結社及び言論、出版その他一切の表現の自由は、これを保障する。」（現行憲法）も同じ。「表現の自由は」というのは「テーマ」、これを「保障する」。このとき、やはり「国は／保障する」と読むのだが。

これは「国は」ではなく、「憲法は」と読んだ方がいいかもしれない。

「憲法」は「国民」と「国」との関係を定めたもの。「国」に対して「……してはいけない」という「禁止」を明示したもの。「保障する」は「禁止」ではない。だから、それは「国」と読むよりも「憲法」と読んだ方が、憲法のあり方が明確になる。

憲法は「保障する」。それは、言い換えると「国に……してはならない」という禁止事項をあてはめること、と読み直すと、憲法の全体が「整合性」がとれるというか、「文体の経済学」が成り立つように思う。

いままで私は「国は／保障する」と読んできたが、「憲法は／保障する」、そのために「国に／……を禁じる」と言っているのだと思う。「保障する」ということは、「守る」ということだが、その「守り方」として、「だれそれに、これこれを禁じる」という方法をとる。それ以外に「保障」の仕方はないかもしれない。

（改正草案）
第十九条の二
何人も、個人に関する情報を不当に取得し、保有し、又は利用してはならない。

この改正草案は、国民に対し「してはならない」と禁じているが、「国は」とは書いていない。これが大問題だ。

国民には禁止しておいて、国は「個人に関する情報を不当に取得し、保有し、又は利用して」もいいと言っているのだ。個人情報を不当に取得し、個人の「思想及び良心」を勝手に「判定」し、差別する。そういうことができる（そういうことをするぞ）と言っているのである。

現行憲法は、国に対して「……してはならない」と「禁止」を命じているが、改正草案では国民に対して「……してはならない」と「禁止」している。「禁止」を命じる相手がまったく逆である。

支配しようとする「思想」

こういうとき、何が、あるいはどういうものが自民党改正草案の「理想とする思想」か。

第二十四条に、それが明確に書かれている。

（現行憲法）第二十四条
婚姻は、両性の合意のみに基いて成立し、夫婦が同等の権利を有することを基本として、相互の協力により、維持されなければならない。

（改正草案）第二十四条
家族は、社会の自然かつ基礎的な単位として、尊重される。家族は、互いに助け合わなければならない。
2　婚姻は、両性の合意に基いて成立し、夫婦が同等の権利を有することを基本として、相互の協力により、維持されなければならない。

現行憲法は「個人」を尊重している。「個人の権利／思想・良心の自由」を尊重している。婚姻は「個人」と「個人」の関係。「両性の合意のみ」と「のみ」をつけくわえることで、それを強調している。

改正草案は、「のみ」を削除し、さらにその前に「家族」を持ち出している。「家族」

とは「個人」ではない。「集団」である。「集団」が先にあって、「個人」は消されている。これは「家長制」、父親の支配権を絶対とする昔の「家族」を想像させる。たぶん「家長制」の相似形としての「国家」を自民党は理想としている。その理想にあう「思想」を国民に強いているのである。

別項をみると、さらに驚く。

（現行憲法）

2　配偶者の選択、財産権、相続、住居の選定、離婚並びに婚姻及び家族に関するその他の事項に関しては、法律は、個人の尊厳と両性の本質的平等に立脚して、制定されなければならない。

（改正草案）

3　家族、扶養、後見、婚姻及び離婚、財産権、相続並びに親族に関するその他の事項に関しては、法律は、個人の尊厳と両性の本質的平等に立脚して、制定されなければならない。

現行憲法が「個人」の尊重からスタートしているから、まず「配偶者の選択（結婚）」からはじまり、その後「離婚並びに婚姻及び家族」とつづいており、「出産／こども＝家族」という形で世界がとらえられている。離婚しても「個人」と「個人」のときもあれば、そこに「家族」（こども）がいるときもあるから、それに配慮しているのだが。

改正草案は、まず「家族、扶養、後見」という「個人」の「まわり」をふくめた人間関係がテーマになる。最初の「家族」とは「個人」の「父親／母親」のことだろう。「家族」とは「父親」がいて「母親」がいて「こども」がいる。その「こども」が結婚して、そこから「親族」へと広がっていく。

「家族」だけではまだ不満で「親族」をふくめて「個人」を拘束しようとする姿勢がここに見える。

「国家」を「家族／親族」のようにして支配しようとする自民党の「思想」が見える。そこには「個人」の「自由」などない。

10

「美しいことば」に隠された事実を点検する

教育環境の整備

第二十六条以下は少しおもしろい。特に「教育の義務」が。人をだますとき、自民党はこんなに巧妙な手法をつかうのか、と感心してしまう。

（現行憲法）
第二十六条
すべて国民は、法律の定めるところにより、その能力に応じて、ひとしく教育を受ける権利を有する。
2　すべて国民は、法律の定めるところにより、その保護する子女に普通教育を受けさせる義務を負う。義務教育は、これを無償とする。

自民党の憲法改正草案は、この部分では「表記」だけを変更している。「すべて」を「全て」に、「ひとしく」を「等しく」に、という具合。「これを」は、いつものように削除しているのだけれど。

改正草案は、これに第三項を追加している。

3 国は、教育が国の未来を切り拓《ひら》く上で欠くことのできないものであることに鑑み、教育環境の整備に努めなければならない。

この「改正」だけは、私はすばらしいものに思えた。「教育環境」が何を指すかはよくわからないが、たとえばいま問題になっている「奨学金」などが、完全給付型になるという具合に「整備」されていくなら、これはうれしいことだ。「義務教育」だけではなく、その後の教育環境も「無償」になるなら、勉強をしたい人には、たいへんうれしいことだ。

でも、ここに書いてある「教育環境の整備」とは、そういうことではないかもしれない。

たとえば、いま書いた「完全給付型の奨学金」というようなものは、自民党ではなく野党が主張してきたものである。最近、奨学金の返済のために若者が苦しんでいるという事実がニュースになったために、自民党は二〇一六年七月の参院選挙で、急遽「公約」につけくわえている。

あるいは「幼児教育を充実させる、保育園、幼稚園を増やし、待機児童を減らす」というのも、「保育園落ちた。日本死ね」といったことばが母親から発せられたため、急遽それに対応したものである。「保育園落ちた。日本死ね」ということばが国会で取り上げられたとき、安倍首相は「匿名の発言であり、事実かどうかわからない」と言った。さらに「そういうことを言うのは共産党だ」というようなことも言いふらされた。まるで「自民党員（自民党支持者）なら、保育園に落ちるはずがない。思想調査をして合格者を決めている」というような言い方だが……。


しかし、この「条項」はいま書かれたのではなく、二〇一二年に書かれていることを考え合わせないといけない。

そこに書かれている「教育環境の整備」は、いまの「公約」とは違ったことを指すに違いないのだ。

安倍首相は、「改正草案」に書かれていることを「先取り」する形で動いている。「事実」をつくってしまって、「改正草案」を「改正」ではなく「事実の追認」に変えようとしている。

そういう視点から「教育環境の整備」を見ていくとどうなるか。現実に何が起きているか、起きつつあるかということから見ていく。

たとえば「道徳教育の重視」「歴史教科書の見直し」という問題が見えてくる。「道徳教育」を「採点化」するというニュースを読んだが、これは一種の「思想教育」。「思想及び良心の自由」と関係づけて言うと、改正草案はそれを「侵してはならない」（第十九条）から「保障する」と変更していた。改正案の「保障する」は「これが理想の思想及び良心である」と定義し、それに従う人間を保障する。それ以外の思想を良心に従う国民の身元は「保障しない」という意味である。

教育とは学問。学問とは、ほんらい自由なものである。たとえば権力を批判する能力を身につけることも重要な学問の仕事である。教育の仕事である。しかし、自民党の改正案は、そういう「批判を生む／批判を育てる」教育を念頭に置いてはいない。「学問の自由」を否定し、「学問に一定の枠」をあてはめる。「理想の（従順な）人間」を育てるための「教育」をもくろんでいるのだ。

教科書に書かれている歴史を「見直し」、日本が侵してきた戦争犯罪をなかったことにする。「南京虐殺はなかった」。そういうことを教え込む「教育環境の整備」を、自民党改正案は狙っている。

自民党の「思想」に従う人間を育てる「教育環境の整備」なのだ。

「美しいことば」の裏には、企みがある。「美しいことば」は「現実」にどういう形で動いているか、現実に動いている何を隠すために「美しいことば」が選ばれたのか、それを点検する必要がある。

巧妙な「禁止」の削除

（現行憲法）第二十七条
すべて国民は、勤労の権利を有し、義務を負う。
（現行憲法）第三十条
国民は、法律の定めるところにより、納税の義務を負う。

これも、改正草案は「表現（字句）」の変更にとどめている。

なぜなのかなあ。


理由は簡単である。


私のみるところ、「教育の義務」「勤労の義務」「納税の義務」と、ここでは「国民の義務」について書かれている。

自民党は「国民の義務」については、そのまま現行憲法を踏襲するのである。

さらに「義務」を手助けするように装って、国民を管理しようとしている。「教育の義務」では第一項、第二項の「主語」が「国民」であったのに対し、第三項で突然「国」にすりかわっている。「国民の義務」なのに、そこに「国の義務」を織り込み、「国の義務」を「国の権利」にすりかえ、悪用しようとしている。

「主語」と「動詞」をしっかり押さえて、何が「改悪」されようとしているのか、点検しなければならない。

第三十一条以降は「自由」の剥奪について書いている。「犯罪者」は「自由」を奪われる。「公共の福祉」に反するからだが、この部分の「権利」についても、微妙に「改正」している。

たとえば、

（現行憲法）第三十二条

何人も、裁判所において裁判を受ける権利を奪われない。

（改正草案）第三十二条

何人も、裁判所において裁判を受ける権利を有する。

「奪われない」を「有する」と改正する。「奪われない」の場合は、「奪う」という動詞の「主語」が存在する。現行憲法は、「何人も、裁判所において裁判を受ける権利を」他人に、「国に」奪われない、と言っているのである。

改正草案は「奪う」という「動詞」を隠すことで、「登場人物」を「国民」だけにしている。「国民」は「権利を有する」。その「権利」を「国は奪うことがあるかもしれない／奪うことを禁止しない」という意味が隠されている。何かあれば、国民の権利を「奪う」というのだ。「禁止」条項を、改正草案は外しているのだ。
これは、第十一条の「改正」と同じ方法である。

（現行憲法）第十一条
国民は、すべての基本的人権の享有を妨げられない。
（改正草案）第十一条
国民は、全ての基本的人権を享有する。

同じことを言っているようだが、そこに「国」が書かれているかどうかが違う。現行憲法は「国は」と明記していないが、そこに「国は」を含んでいる。「国は／妨げてはいけない（禁止）」を意味している。
憲法は国民と国との関係を定めたもの、国の権力が暴走し国民を支配することを禁じるために制定するものという意識が明確に存在するから、そういう「文体」をとるのである。

自民党改正草案は、この憲法特有の「文体」を解体し、「国民は（権利を）有する」と書き直すことで、「国」の「禁止」を取り除いている。何かあれば、いつだって「国は国民を支配する」、「国民の権利を侵害する」ことができる、ということにしているのだ。なぜ「侵害する」ことができるか。そこに「してはならない（禁止）」が書かれていないからだ。

信じられないくらい「巧妙」な「禁止」の削除である。

微妙なことばの挿入

第三十一条以降は、「逮捕」や「捜索」について定めている。重要な変更があるのかもしれないが、自分に引きつけて読むことができないので、よくわからない。私は私が「犯罪者」になる、つまり「逮捕される」ということを考えたことがなかったので、親身になって読むことができない。

「思想犯」(「思想」が「公益及び公の秩序に反する」と認定されたとき)に、第三十一条以下がどう運用されるのか気になるが、逮捕、裁判、判決というものを身近に感じたことがないので、何も書くことができない。

「思想犯」を想定して点検すべきなのだが、私には、どう読んでいいのかよくわからなかった。ただ「思想／良心の自由」を中心に考えると、次の変更が気になった。

(現行憲法)第三十四条
何人も、理由を直ちに告げられ、且つ、直ちに弁護人に依頼する権利を与えられなければ、抑留又は拘禁されない。

(改正草案)第三十四条
何人も、正当な理由がなく、若しくは理由を直ちに告げられることなく、又は直ちに弁護人に依頼する権利を与えられることなく、抑留され、又は拘禁されない。

改正草案では「正当な理由がなく」ということばの挿入が微妙である。現行憲法では、必ず「理由」を告げられなければならない。捜査機関は必ず理由を告げる必要がある。

しかし、改正案では「正当な理由があれば」、理由を告げなくても逮捕できる、と読むことができる。

これは、どういうことか。

たとえば「思想犯」を「思想犯」と断定する「根拠」の「理由」は告げなくていい、なぜならその「理由」は「秘密保護法の対象だから」ということができる。ある人間の「思想」のどの部分が「反社会的」か（公益及び公共の秩序に反するか）は「秘密」だから告げる必要はない。「基準／理由」を明示すれば、その「理由／基準」をかいくぐりながら「思想犯」は行動することが考えられる。だから、何をすれば「思想犯」になるかは、「秘密」にしておくのである。

これでは、国の気に入らない人間はだれでも逮捕されてしまうことになるが、たぶん、そうしたいのだろう。

ほかにもっと重要な「改正」が含まれているのだろうけれど、よくわからない。ほかのひとの意見を聞きたい。

「テーマ性」を隠す

第四章　国会

（現行憲法）

第四十一条
国会は、国権の最高機関であって、国の唯一の立法機関である。

第四十二条
国会は、衆議院及び参議院の両議院でこれを構成する。

第四十三条
両議院は、全国民を代表する選挙された議員でこれを組織する。

（改正草案）

第四十一条
国会は、国権の最高機関であって、国の唯一の立法機関である。

第四十二条
国会は、衆議院及び参議院の両議院で構成する。

第四十三条

両議院は、全国民を代表する選挙された議員で組織する。

「改正」は字句に限られている。ここでも「これを」を改正草案は削除している。「これを」は、何度も書くが、「主語」というよりも「テーマ」を明確にすることばである。改正草案は「テーマ」を意識させないように「これを」を削除している。

現行憲法の「テーマ」性を強調して言い直すと、

第四十一条

国会は、国権の最高機関であって、国の唯一の立法機関である「と憲法は定める」。

第四十二条

国会は、衆議院及び参議院の両議院でこれを構成する「と憲法は定める／構成されることを憲法は保障する／構成されなければ国会とは認めない」。

ということになるだろう。そこに「国（権力）」が介入することを拒否している。

で、この「国会」の部分の改正草案でいちばんびっくりしたのが、第五十四条である。

（現行憲法）第五十四条
衆議院が解散されたときは、解散の日から四十日以内に、衆議院議員の総選挙を行い、その選挙の日から三十日以内に、国会を召集しなければならない。

（改正草案）第五十四条
衆議院の解散は、内閣総理大臣が決定する。
2　衆議院が解散されたときは、解散の日から四十日以内に、衆議院議員の総選挙を行い、その選挙の日から三十日以内に、特別国会が召集されなければならない。

改正草案は「衆議院の解散は、内閣総理大臣が決定する。」と書いている。「解散」については、私の記憶では（中学校で憲法を習ったときの記憶では）、第五章　内閣の第六十九条に定められている。

（現行憲法）第六十九条
内閣は、衆議院で不信任の決議案を可決し、又は信任の決議案を否決したときは、十日以内に衆議院が解散されない限り、総辞職をしなければならない。

内閣が不信任されたときは、衆議院を解散し、選挙で信を問い直す（国民の信を確認して、不信任に対抗する）か、総辞職して内閣を他の党（他の人）に明け渡す。それはあくまで「不信任」に対抗する「手段」であると習った記憶がある。

総理大臣が自分勝手に「解散」などしてはいけない。

けれど、いつのまにか総理大臣が「解散権」を行使するようになった。その「根拠」は、私の読むかぎり「現行憲法」にはない。それを改正草案ではつけくわえている。つけくわえることで、いつでも総理大臣が自分の都合で「解散」できることになる。

これは、「議院内閣制」に反しないのか。

現行憲法「第四十一条　国会は、国権の最高機関であって、」「第四十三条　両議院は、全国民を代表する選挙された議員でこれを組織する。」を無視することにならないのか。国民は選挙によって「国会」に意見を反映させる、「国会」は国民の意見を踏まえて「内閣」を構成するという「順序」が逆にならないか。内閣総理大臣が、恣意的に国会を操作してしまうことにならないか。

次の改正案も、非常に気になる。

職務上の遂行

（現行憲法）第六十三条
内閣総理大臣その他の国務大臣は、両議院の一に議席を有すると有しないとにかかわらず、何時でも議案について発言するため議院に出席することができる。又、答弁又は説明のため出席を求められたときは、出席しなければならない。

（改正草案）第六十二条
内閣総理大臣及びその他の国務大臣は、議案について発言するため議院に出席することができる。
2 内閣総理大臣及びその他の国務大臣は、答弁又は説明のため両議院から出席を求められたときは、出席しなければならない。ただし、職務の遂行上特に必要がある場合は、この限りでない。

現行憲法は、答弁、説明を求められたときは総理大臣や他の大臣は「出席しなければならない」と定めている。これに対して改正草案は「職務の遂行上特に必要がある場合は、この限りでない。」と追加している。つまり「出席しないこともある」ということ。「職務の遂行上」というのは便利なことばである。ほんとうに重大事が起きたときは、国会に出席していられない。たとえば、東日本大震災などの場合、国会に出席して答弁するよりも先に、事態に対応することの方が急務だろう。こういうときは、国会の方も理解して、議事などしないだろう。

しかし、現実を見てみると、少し違う。

熊本地震が起きたとき自民党が主導して国会を開き、「TPP」について審議しようとした。野党から批判を浴び、一日で審議は見送りになった。しなければならない「職務の遂行」をないがしろにした。地震で混乱している期間に、審議を強行し、批准まで持ち込もうとしたのだろう。国民よりも、「政策」を優先させたのである。

そういう「運用」をみると「職務の遂行上」というのは、かなり恣意的に範囲を変更できる。ときには、「答弁してしまうと、職務が遂行できなくなるから、答弁しない。職務の遂行上、出席しない」ということも起きうる。

戦争法にしろ、ＴＰＰにしろ、安倍首相は「丁寧に説明する」と口先では言うが、一度も説明などしていない。「秘密保護法」もある。その問題は秘密保護法の対象なので、職務の遂行上、答弁できない（出席しない）ということが、どんどん起きてしまうだろう。

憲法は国（権力）の暴走をとめるためのものなのに、安倍首相は、権力を思うがままに動かす（独裁を進める）ために、憲法を改正しようとしている。

「内閣」以外の「行政権」

（現行憲法）第六十五条
行政権は、内閣に属する。
（改正草案）第六十五条

行政権は、この憲法に特別の定めのある場合を除き、内閣に属する。

こちらを先に書くべきだったかもしれないが……。

改正草案で「この憲法に特別の定めのある場合を除き、」とは何だろう。そして、この挿入は、「この憲法に特別の定めのある場合」は「内閣」以外のどこかに「行政権」が属することになるが、それは、どこ?

国会? 裁判所(司法機関)? あるいは、警察?

まさか。

「内閣」というのは「ひとり」ではない。第六十六条にあるように「内閣総理大臣及びその他の国務大臣」によって組織される(現行憲法)。(改正草案は「組織」ではなく「構成」という表現をつかっている。)「内閣」とは「組織」(機関)である。そこには「複数」の人間がいる。その「複数」を「憲法に特別の定めのある場合」は「ひとり」にするということだろう。

そして、その「憲法に特別の定めのある場合」というのが、これまでなかった「第九章 緊急事態」である。

（改正草案）第九章　緊急事態
第九十八条
内閣総理大臣は、我が国に対する外部からの武力攻撃、内乱等による社会秩序の混乱、地震等による大規模な自然災害その他の法律で定める緊急事態において、特に必要があると認めるときは、法律の定めるところにより、閣議にかけて、緊急事態の宣言を発することができる。

これを参考にすると、「第六十五条　行政権は、この憲法に特別の定めのある場合を除き、内閣に属する。」は、「特別の場合」、行政権は「内閣」ではなく「内閣総理大臣に属する」と読むべきなのだろう。

行政権が「ひとり」に集中する。「独裁」である。

「この憲法に特別の定めのある場合を除き」がなければ、「独裁」はできない。「内閣」という「集団」に「行政権」がある。行政権の行使には「閣議決定」が必要になる。これを省略し、「独裁」を正当化するために、そのことばが挿入されている。

#「文民」と「軍人」

（現行憲法）第六十六条の第二項
内閣総理大臣その他の国務大臣は、文民でなければならない。

（改正草案）第六十六条
2　内閣総理大臣及び全ての国務大臣は、現役の軍人であってはならない。

「文民でなければならない。」が「現役の軍人であってはならない。」と改正されている。「軍人経験者」であってもいい、ということ。元軍人も大臣に起用できるということである。内閣に入る直前に「退役」すれば「軍人ではなくなる」から、入閣できる。「現役を退いて〇年」というような「規定」がないから、そういうことが可能である。これでは単なる「肩書」の変更である。だれだって「軍人ではなくなる」。

最近のニュースを見ていると、退役した自衛隊の幹部が、どうやって入手したのかわからない（自衛隊から情報提供を受けているとしか考えられない）情報で国際問題に言及している。自衛隊機の緊急発進が増えていることに対して、「政治が空白になる参院選の期間を利用して、中国が日本領空へ接近している。そのために自衛隊機の緊急発進が増えている」云々というコメントが自衛隊の元幹部の立場で新聞に書かれていた。

彼は「現役の軍人」ではない。しかし、「現役の軍人」と同様に自衛隊から情報を得ている。そして、その「思考」は、自衛隊にフィードバックされるだろう。そういうことが起きても「現役の軍人ではない」という「論理」になってしまうだろう。

「第六章　司法」「第七章　財政」「第八章　地方自治」は自分自身の問題として考えてきたことがないので、何も書けない。

一点気になったのが現行憲法にはない「第九十二条」

地方自治は、住民の参画を基本とし、住民に身近な行政を自主的、自立的かつ総合的に実施することを旨として行う。

2　住民は、その属する地方自治体の役務の提供を等しく受ける権利を有し、その負担を公平に分担する義務を負う。

自治体の「提供を等しく受ける権利を有し」はいいのだけれど、「その負担を公平に分担する義務を負う。」というのは何？　どういうこと？　金額的負担のこと？　税金があがるということ？　それとも「身体的」に何かをしなければならないということ？「義務」というのは、現行憲法では「教育の義務」「勤労の義務」「納税の義務」と三つだったが、「納税」はすでに明記されているから、ここに書かれている「義務」は、もっと違ったものかもしれない。

でも、どういうものか、わからない。

わからない、明記されていないということは、それが恣意的に運用されるということでもあるだろう。

II

ずるい文体は憲法のあいまいさを作り出す

緊急事態の主語

（自民党憲法改正草案）第九章　緊急事態

第九十八条
内閣総理大臣は、我が国に対する外部からの武力攻撃、内乱等による社会秩序の混乱、地震等による大規模な自然災害その他の法律で定める緊急事態において、特に必要があると認めるときは、法律の定めるところにより、閣議にかけて、緊急事態の宣言を発することができる。

第九十九条
緊急事態の宣言が発せられたときは、法律の定めるところにより、内閣は法律と同一の効力を有する政令を制定することができるほか、内閣総理大臣は財政上必要な支出その他の処分を行い、地方自治体の長に対して必要な指示をすることができる。

3　緊急事態の宣言が発せられた場合においては、法律の定めるところにより、その宣言が効力を有する期間、衆議院は解散されないものとし、両議院の議員の任期及びその選挙期日の特例を設けることができる。

この条項でいちばん問題なのは、「主語」が突然「内閣総理大臣」になることである。現行憲法は、常に「国民」を「主語」としてきた。

（現行憲法）
第六十七条
内閣総理大臣は、国会議員の中から国会の議決で、これを指名する。

（改正草案）
第六十七条
内閣総理大臣は、国会議員の中から国会が指名する。

現行憲法の「内閣総理大臣は」は「主語」ではなく「テーマ」。「テーマ」だからこそ

「これを」という形で反復されている。実際の「主語」は「国会議員」。「国会議員」が「議決し」、その議決にしたがって指名される。そして「国会議員」というのは国民によって選ばれた存在であるから、そのときもほんとうの「主語」は「国民」である。国民が議員を選び、その議員が国民の「意思」をくみ取る形で総理大臣を指名する。

内閣総理大臣は、憲法の「主語」にはなりえない存在なのである。そのことを「改正草案」は無視している。

これと同じことは、「改正草案」の第五十四条でも、あった。

憲法の中の乱暴な「文体」

(改正草案)第五十四条

衆議院の解散は、内閣総理大臣が決定する。

「国会」のことを定めている条項に、突然「主語」として「内閣総理大臣」が闖入《ちんにゅう》してきている。「教育の義務」を定めた条項（国民が主語の条項）に、突然「国」が「主語」として闖入してきたのにも通じる（改正草案第二十六条3）。

私は憲法学者でも法律家（法律の専門家）でもないが、こんなおかしな「憲法」はありえないだろう。ひとつのことがらを「定める」とき、「主語」は常にひとつでないとことがらが複雑になりすぎる。

「ひとつの文（条項）」に「ひとつの主語」というのは、「法」の基本なのではないか、と私は感じている。

こういう乱暴な「文体」で「憲法」をつくるから、あとは、もうでたらめである。（現行の憲法の文章を「日本語ではない」というひとがいる。安倍首相もそう考えているかもしれないが、私の見るかぎりでは、改正草案の日本語の方が、でたらめである。非論理的である。「テーマ」と「主語」が乱れ、「主語」があいまいに隠されている。法は主語と述語を明示し、論理的でないと、判断の「基準」になりえない）

改正草案は「でたらめな文体」と「ずるい文体」をかきまぜて、「あいまい」な部分を多くつくり出している。

「外部からの武力攻撃、内乱等による社会秩序の混乱、地震等による大規模な自然災害その他の法律で定める緊急事態」(改正草案第九十八条)とある。「緊急事態」は「法律で定める」とあるから、まだ何が緊急事態であるかは決まっていないのだが、「外部からの武力攻撃」と「地震等による大規模な自然災害」のあいだにはさまれた「内乱等による社会秩序の混乱」というのが、ずるくて、あいまいである。

「外部からの武力攻撃」と「地震等による大規模な自然災害」は「社会の内部」で起きることではない。だから、それを「緊急事態」と定義するのは、わりと簡単である。しかし、「内部の変化」は定義しにくい。何を「内乱」と呼ぶかはとても難しい。「内部の変化」は当然、それまでの「秩序の変化」でもある。そうすると、それまでとは違った「秩序」が生まれたとき、それは「内乱」になってしまう。

たとえば選挙で国会議員の自民党と共産党の議席数が逆転したとき、あるいは逆転しそうなとき、それは自民党にとっては「秩序の否定/混乱」になるだろう。そういう「結果」を引き起こす「選挙運動」が展開されたとき、それは「内乱」と呼ばれるかもしれない。選挙結果が自民党の敗北を引き起こしそうとわかったとき(予測されるとき)、「内閣総理大臣」は、それを「内乱」と定義し、「緊急事態」を「宣言」することができる。

三月に安倍内閣は「共産党は破防法の調査対象である」と閣議決定したが、こういうことが「日常的」に、内閣総理大臣の「独断」で起きることになる。これは「思想及び良心の自由」を侵害する行為である。

「内閣は法律と同一の効力を有する政令を制定することができる」（改正草案第九十九条）や「衆議院は解散されないものとし、両議院の議員の任期及びその選挙期日の特例を設けることができる。」（同第九十九条4）は選挙の廃止であり、国民の基本的人権を侵すものだ。

最高法規の削除

（現行憲法）第十章　最高法規

第九十七条

この憲法が日本国民に保障する基本的人権は、人類の多年にわたる自由獲得の努力の成果であって、これらの権利は、過去幾多の試錬に堪え、現在及び将来の国民に対し、侵すことのできない永久の権利として信託されたものである。

第九十八条

この憲法は、国の最高法規であって、その条規に反する法律、命令、詔勅及び国務に関するその他の行為の全部又は一部は、その効力を有しない。

2　日本国が締結した条約及び確立された国際法規は、これを誠実に遵守することを必要とする。

改正草案では「第九十七条」の全文が削除されている。「憲法が基本的人権を保障する」という部分が全部削除されている。これは「基本的人権」を認めないということである。また、ここには「保障する」の主語は「憲法」であることが明記されている。憲法は国民の権利を保障する（守る）ためにある、と明記している。

改正草案では「この憲法は、国の最高法規」という部分だけを踏襲している。「基本的人権」を認めない上に、

（改正草案）第百二条
全て国民は、この憲法を尊重しなければならない。

と国民に憲法を尊重する義務を押しつけている。憲法は国民が守る（尊重する）ものではなく、権力が守らなければならないものなのに、逆になっている。
国民は憲法を守らなくてもいい根拠として、現行憲法の第二十二条をあげることができる。

（現行憲法）第二十二条
何人も、公共の福祉に反しない限り、居住、移転及び職業選択の自由を有する。
2　何人も、外国に移住し、又は国籍を離脱する自由を侵されない。

「国籍を離脱する」、つまり「日本国民でなくなる」権利（自由）をもっており、それを「国」は「侵してはならない」。これは、憲法を守らなくていいという「証拠」である。「憲法」が気に食わない、「憲法」を遵守する気持ちがないなら、日本国籍を離脱し、自分の「理想の憲法」を持っている「国」へ行っていい、と言っているのである。

憲法はだれが守るのか、尊重するのか

（現行憲法）第九十九条
天皇又は摂政及び国務大臣、国会議員、裁判官その他の公務員は、この憲法を尊重し擁護する義務を負う。

（改正草案）第百二条
全て国民は、この憲法を尊重しなければならない。
2　国会議員、国務大臣、裁判官その他の公務員は、この憲法を擁護する義務を負う。

現行憲法は、憲法を遵守しなければならない人間として「天皇、大臣、議員、裁判官」などの「公務員」（天皇は公務員ではないが）をあげているが、国民をあげていない。これは憲法が「国（権力）」を縛るものだからである。憲法は国民を縛るものではないから、国民に「遵守義務」はないのである。憲法は国民を守るためにある。権力の暴走から国民を守るためにある。

改正草案は、憲法を守るべき人間に「国民」をつけくわえ、天皇を除外している。ここがいちばん違う。天皇は「元首」と定義されているから、憲法を超越した存在ということか。

それと同時に注目したいのは、現行憲法の「天皇又は摂政及び国務大臣、国会議員、裁判官」という順序が、改正草案では「国会議員、国務大臣、裁判官」となっていることだ。国務大臣（行政府）の方が国会議員（立法府）よりも憲法を遵守するよう求められている度合いが低い。内閣（行政府／大臣）は、国会議員よりも遵守の度合いが低くていい（？）という感じなのだ。

自民党の改正草案は、権力の実際の運用機関（内閣／大臣）を法で拘束する前に、国会議員を拘束する。第一項とあわせて考えると、改正草案は、国民を拘束し（基本的人権を剥奪し）、次に国民が選挙で選んだ国会議員（国民の代表）を拘束し、内閣（行政府）が「独裁」をふるいやすいようにしているのである。

「改正」手順の罠

（現行憲法）第九章　改正　第九十六条

この憲法の改正は、各議院の総議員の三分の二以上の賛成で、国会が、これを発議し、国民に提案してその承認を経なければならない。この承認には、特別の国民投票又は国会の定める選挙の際行われる投票において、その過半数の賛成を必要とする。

2　憲法改正について前項の承認を経たときは、天皇は、国民の名で、この憲法と一体を成すものとして、直ちにこれを公布する。

（改正草案）第十章　改正　第百条

この憲法の改正は、衆議院又は参議院の議員の発議により、両議院のそれぞれの総議員の過半数の賛成で国会が議決し、国民に提案してその承認を得なければならない。この承認には、法律の定めるところにより行われる国民の投票において、有効投票の過半数

の賛成を必要とする。
2　憲法改正について前項の承認を経たときは、天皇は、直ちに憲法改正を公布する。

手順がかなり違う。現行憲法は「憲法改正」は「国会の三分の二以上の賛成」で「発議し」、国民が「承認する」。決めるのはあくまで国民だ。改正草案では、「発議する」ときの「条件」が明記されていない。「条件」がない。「ひとり」が「発議」してもいいことになる。それを「過半数の賛成」で「議決し」、その結果を国民が承認する。

国会内での審議、議決が「改正草案」では簡単である。ハードルが低い。

現行憲法では、国会は発議にとどまり決議はしない。国民が過半数で「可決／承認」するのだが、改正案では国会が「議決」までしてしまう。「議決」した結果を国民が「承認」する。「承認させる」と言い直した方がいいかもしれない。「国会」が「議決」しているのに、それを否定するのは「公の秩序を乱す」ことになる。「内乱」になる。

さらに成立の基準も、改正草案では「有効投票の過半数」と低くしている。無効票が大量にあれば、有効票が少なくなる。それだけ「過半数」の基準が低くなる。ここでも「改正」のハードルは低められている。

公布について定めた第二項にも重大な変更がある。

現行憲法には「国民の名で」という文言がある。これは「憲法は国民のもの」という意識があるから、そういう文言があるのだ。改正草案には、これがない。つまり、改正草案は憲法を「国民のもの」と考えていない証拠がここにもある。

自民党は、憲法を改正するとき、まず「改正」手続きの部分から手をつけるだろう。「戦争の放棄」や「緊急事態」に比較すると、激論になる度合いが低い。「改正」の項に書かれていることは「手続き」の問題なので、国民には「自分の生活と直結する」という感じがしない。「反対」運動が起きにくい。

しかし、ここに罠がある。

いったん「改正」が、「衆議院又は参議院の議員の発議により」となってしまうと、先に書いたように「ひとり」の発議でも審議がはじまることになる。そして「過半数」で「議決」まで進んでしまう。「発議されたもの」を承認するというのと、「議決されたもの」を承認するというのでは、国民の側の「議論/検討」にも差がでてきそうだ。「有効投票の過半数」というのも「接戦」になったとき、「過半数」の分母が小さくなるからハードルが低くなる。

そして、いったん一部でも「改正」されると、あとは雪崩を打って、次々に「改正」

がつづき、全面改正になる。

「緊急事態条項」だけではなく、細部に罠が張り巡らされていることを、憲法学者や法律家、さらに国会議員はもっともっと「街頭」に出てアピールしてほしい。「緊急事態条項」がなくても、国民を支配するための「改正」が随所におこなわれている。しかも、「個人」を「人」に変えたりと、目をこらさないと見落としてしまいそうな「小さな文言」の変更がある。「文言」自体は「小さい変更」だが、「内容」ががらりと変わるものがある。

参院選の報道のように、テレビを初めとするマスコミは、こういうことを報道しなくなっている。安倍首相の代弁者になっている。

マスコミを通じてではなく、直接、国民に訴えることが「識者」に求められていると思う。「識者」の「声」を私は「街頭」で聞きたい。直接聞きたい。「対話」のなかで、私は私が見落としているものを学びたい。

12

憲法改正は本当に必要か？

静かすぎる選挙

七月三日、日曜日、参院選選挙運動の真っ最中、いわゆる「選挙サンデー」と言われる日、私は会社で仕事をしていたのだが、「異様な静けさ」に気がついた。街もそうだったが、社内の静かさが尋常ではない。それ以前から、微妙に「静かな」感じを受けていたが、「異様」とまでは感じなかった。それが、三日には、確実に「異様」に感じ、同僚に「異常に静かじゃないか」と声をかけた。「でも、参院選は、もともと静かだよ」。そうなのかなあ。

フェイスブックで、思わず「異常に静かだった」と、その日の「感想」を書いた。

そのときは、なぜ静かなのかわからなかった。

翌日（月曜日）、ネットで偶然、ＮＨＫがニュースの「週間予定」のボードに「十日大相撲初日／世界遺産審議始まる」とは明示しているが「参院選投票」とは書いていないということを知った。

あ、これなのか、と私はやっと「異常」の原因を知った。

私は眼が悪いのでテレビは見ない。だから、どんなことがテレビで話題になっているか知らなかった。当然、「参院選が話題になっていない」ということも知らなかった。報道されていないことを知らなかった。

国政選挙なのに、報道しない。だれが、どんな主張をしているか、争点は何か、それを報道しない。これでは「静か」になるはずである。「静かさ」はテレビによってつくり出されたものだったのだ。

なぜ、報道しないのか。

「日刊ゲンダイ　デジタル版」で元NEWS23の岸井成格キャスターが「このままだとメディアは窒息する」というタイトルでインタビューを分析している。

二〇一四年衆院選で、安倍首相がテレビに出演したとき「街頭の声」に苦情を言った。「アベノミクスへの批判が多い」。その苦情にテレビ局が萎縮した。「街録（街頭録音？　街頭録画？　いわゆる「街の声」収録か）でアベノミクスに5人が反対したら、賛成5人を集めなきゃいけない。面倒だから報道そのものが減った。」

当事者ではなく（いまは当事者ではないのだろうけれど）、まるで傍観者の発言だ。

アベノミクスへの賛否の5対5が「公平／公正」な報道なのか。なによりも、「5対5」という捉え方が「民主主義」の基本から離れていないか。「数字」が対等なら、それは「公平/公正」というのは、まやかしである。

「多様性」こそが民主主義の基本。「多様性」を認めないところには「多数決」の暴力があるだけだ。

「街録でアベノミクスに5人が反対したら、賛成5人を集めなきゃいけない。」と考えることが、すでにメディアの衰退。敗北ではなく、自分から滅んでいっている。「民主主義とは何か」という問いかけを忘れてしまっている。

「非正規社員からの反対の声」

「介護休職しているひとからの批判の声」

「年金が不安なひとからの声」

などなど、それぞれは「ひとり」の声。

反対の声5人、賛成の声5人ではなく、「賛成/反対」でくくらずに「多様な声」を集める。「大きな声」だけを拾い集めるのではなく、「小さな声」(言いたいけれど、言えずに我慢している声)を拾い上げ、それを紹介することが大事だ。

だいたい、街頭で聞いた声の「賛否対比」が5対5か10対0か、そんなことは「国民」が決めることでメディアが決めることではない。「5対5」が、すでに「情報操作」。

「5対5」にとらわれずに、どこまで多様な声を集めることができるか、ということにメディアは力をそがなければならない。

岸井キャスターは、キャスターをやめさせられ、「被害者」なのかもしれないが、「情報操作」に消極的に加担したという意味では「加害者」でもあるだろう。現役時代に、もっと発言すべきだった。「権力から圧力を受けた。そのため報道をねじまげてしまった」と現役のときに言うのは、「自分には権力の圧力を跳ね返すだけの力がなかった」と認めることになるから、現役時代に言うのは難しいかもしれないが、現役を退いてからそんなことを言われても視聴者は困ってしまう。（私は、テレビを見ていないので視聴者ではないのだが）

脱線してしまった。

マスコミが報道しない真実

テレビが報道しないと、もう、どんなことも「起きていない」ことになる。「存在しない」ことになる。それは「事件」だけでなく、「意見」の場合はさらに「存在しない」ということが「極端」になってしまう。問題が「深刻化」する。

安倍首相は選挙戦を通じて「憲法改正問題」を大声ではつたえなかった。そのため、その問題は「存在しない」ことになった。野党は懸命に「安倍首相は憲法改正問題を隠している」と指摘したが、それはテレビで放送されないので、「存在しない」ことになった。

それに先立ち、安倍首相は、アベノミクスについて、安倍首相にとって都合のいい数字だけをあげた。野党が問題点を指摘し、同時に憲法改正問題について触れたのだが、アベノミクスの問題点を指摘する声を紹介せず、「野党は経済対策を示せない」とだけ報道すると、アベノミクスの問題点は「存在しない」ことになった。アベノミクスの、安倍首相が取り上げる数字を評価するか、しないか、ということだけが「争点」として存在することになった。

さらに参院選がおこなわれていることを報道しないと、参院選そのものが「存在しない」ことになった。と言うと、言い過ぎだが。参院選に立候補している「さまざまな声」が「存在しない」ことになった。選挙は「自民党＋公明党」か「民進党＋共産党」のどちらを選ぶかという二者択一のものにすりかえられてしまった。「小政党」や「諸派」と呼ばれる党の声は「存在しない」ことになった。「少数意見」のなかにも「真実」があるかもしれないのに、それを報道が封じてしまうのである。

「テレビ報道以外にも報道はある。意見の伝達方法はある」という見方もあるだろうが、これは「非現実的」な指摘だ。「少数意見」は簡単にはつたわらない。

「5対5」が「公平／公正」というルールは、議席の数に比例させて発言機会を与えないと議席の多い党には不利益になる（「公平」ではなくなる）という「論理」に簡単にすりかえられるだろう。50議席をもっている自民党の主張を放送する時間は50分、1議席の社民党は1分、議席を持っていない新しい党は0分、ということになってしまうだろう。それでは新しい党をつくって「立候補」しても、主張を訴えることができない。

「数」というのは、民主主義においては「最終決着」（最後の手段）であって、スタートではない。いきなり「多数決」の原理（数の原理）をあてはめるのではなく、少数意見にも耳を傾ける。多様な意見のぶつかりあいのなかで、いままで気づかなかったことを見つけながら議論を深めていく、というのが「民主主義」の原則であるはずだ。理念であるはずだ。この「理念」を「現実」に変えていくために、テレビをはじめとするメディアは何をすべきか。そのことが置き去りにされている。

参院選がおこなわれている、そこではこんな議論がされているということを放送しないことで、テレビは「民主主義」を壊したのだ。「多数意見」をそのまま報じて、「少数意見」を抹殺したのだ。「議論」によって理解を深めるという行き方そのものを否定したのである。

そうすることで、「選挙結果」を誘導したのだといえる。メディアが間接的に「選挙操作」をしてしまったのだ。

党首の公開討論

今回の参院選では、党首の公開討論は一回しか開かれなかった。各党首のスケジュール調整ができなかったということだが、これは、とても奇妙である。

テレビ局で勝手に「党首公開討論会」のスケジュールを決め、党首を呼べばいい。党首が来れないところは代理でだれかが出ればいい。「党首討論」ではなく「政党討論」にしてしまえばいい。

自民党では「発言能力」のある人間が安倍首相しかいないということはないだろう。もし、そうならそうで、そういう「人材不足」が大きな問題になる。そんな党に国をまかせていいのか、という大問題が起きる。

出て来ないのは、テレビ局の責任ではない。すべての党に参加を呼びかけた、という「事実」があれば、それは「公平／公正」である。安倍首相がスケジュール上参加できないのに党首討論会を開くのは「不公平／不公正である」と主張するのは、「多数派」の暴力である。「出るな」とだれも言っていない。出て討論してほしい、本人が出られないならだれか代理を出せばいい、というだけのことである。

毎日、党首討論会（政治討論会）を開いたと仮定してみよう。ある日は安倍首相が出られない。ある日は岡田民進党代表が出られない。そういう「ばらつき」があっても、複数回の「チャンス」があれば、それは「公平／公正」だろう。少数派に主張の機会を与えないということが、「不公平／不公正」なのである。

これから先、改憲問題がもちあがったとき、どんな問題点があるか、テレビはやはり報道しないだろう。報道しないことで、既存の「多数意見」がそのまま「多数派」として通ってしまう。

報道しないことは「中立」ではなく、「議論」の否定、「民主主義」の否定なのであると言い続けよう。

だれが、この「報道しない」という作戦を指揮したのか知らないが、あまりにも巧妙な、「静かな」やり口である。「卑怯な」やり口である。

安倍首相は、自分の「主張」が正しいと言うのなら、きちんと討論、対話すべきである。

「報道」が民主主義を否定する形で動くなら、私たちは別の形で民主主義を取り戻さなければならない。「報道」に頼らずに、意見をひとりひとりに「手渡し」する方法を考えないといけない。どこかで、粘り強く発せられている声を受けとめ、伝達していく方法をつくり出さなければいけないのだと思う。

これから始まる「憲法改正論議」をメディアがどうつたえるか、そのことをしっかり見つめたいと思う。参院選の「争点」として報道された「アベノミクス」をどう報道していくのかも、同時に、見つめたい。「戦争法案」も「TPP」も安倍首相はしっかり説明すると言っていたが、どうしっかり説明したのか、テレビを初めとするメディアは伝えていない。安倍首相が「説明する」と言ったことさえ「事実ではない」と葬り去ろうとしている。

私はテレビを見ないが、テレビでこう言っていた、という声を聞いたことがない。とても、「静かだ」。この「静けさ」が、私にはとても異常に感じられる。

あとがき

この本はブログ「詩はどこにあるか」に書きつづけたものを元にしています。

二〇一六年七月の参院選は不思議な静かさのまま終わった。そして、終わったあと、突然、「争点」ではなかった「改憲問題」が浮上した。

とてもいやな感じだ。知らないところで、何かが勝手に動いている。

参院選のあいだ、ブログで「自民党憲法改正草案」への疑問を急いで書きつづけたのも、その何かが勝手に動いている、不気味だ、という気持ちがあったからだ。

書き終わったあと、小冊子にまとめてみた。私が感じたことを、誰かと話し合えたらいいなあと思った。ところがキンコーズで製本すると一部あたり五四〇円かかる。郵送費は郵便局のレターパックを利用すると三六〇円。多くの人に読んでもらうには、手間と経費がかかる——というようなグチ（?）をフェイスブックに書き込んだところ、ポエムピースのマツザキヨシユキさんから、「売ってあげる」という声をかけられた。えっ、売れるんだろうか。心配だが、私の書いたものを出版してもらえるのは、とてもうれしい。気にしないで、甘えることにしよう。

　私は詩を読む方法で「改正草案」を読んでみたが、ミュージシャンが読めば違う疑問が出てくるかもしれない。絵を描く人から見れば、また違うものが見える。水泳をする人やマラソンを走る人も、きっと違った視点を持っている。子育てに忙しいお母さんや、バイトで手一杯の人も、晩酌のビールが発泡酒になったなあと嘆いているお父さんにも違ったものが見えると思う。

　この本を読んだ人が、それぞれ自分のことばで「自民党憲法改正草案」のここが変、ここが嫌いと言うようになると楽しい。ひとりではわからなかったこともわかるようになると思う。そして、そういう声が、見えないところで動いている何かを押し止める力になればいいなあと思う。

二〇一六年七月二十四日　　　　　　谷内修三

　マツザキさんを初めポエムピースのスタッフのみなさんに、とても感謝しています。ありがとうございます。

日本国憲法　全文

※仮名遣いを現代表記に改めています

前文

日本国民は、正当に選挙された国会における代表者を通じて行動し、われらとわれらの子孫のために、諸国民との協和による成果と、わが国全土にわたって自由のもたらす恵沢を確保し、政府の行為によって再び戦争の惨禍が起ることのないようにすることを決意し、ここに主権が国民に存することを宣言し、この憲法を確定する。そもそも国政は、国民の厳粛な信託によるものであって、その権威は国民に由来し、その権力は国民の代表者がこれを行使し、その福利は国民がこれを享受する。これは人類普遍の原理であり、この憲法は、かかる原理に基くものである。われらは、これに反する一切の憲法、法令及び詔勅を排除する。

日本国民は、恒久の平和を念願し、人間相互の関係を支配する崇高な理想を深く自覚するのであって、平和を愛する諸国民の公正と信義に信頼して、われらの安全と生存を保持しようと決意した。われらは、平和を維持し、専制と隷従、圧迫と偏狭を地上から永遠に除去しようと努めている国際社会において、名誉ある地位を占めたいと思う。われらは、全世界の国民が、ひとしく恐怖と欠乏から免かれ、平和のうちに生存する権利を有することを確認する。

われらは、いずれの国家も、自国のことのみに専念して他国を無視してはならないのであって、政治道徳の法則は、普遍的なものであり、この法則に従うことは、自国の主権を維持し、他国と対等関係に立とうとする各国の責務であると信ずる。

日本国民は、国家の名誉にかけ、全力をあげてこの崇高な理想と目的を達成することを誓う。

第一章　天皇

第一条　天皇は、日本国の象徴であり日本国民統合の象徴であって、この地位は、主権の存する日本国民の総意に基く。

第二条　皇位は、世襲のものであって、国会の議決した皇室典範の定めるところにより、これを継承する。

第三条　天皇の国事に関するすべての行為には、内閣の助言と承認を必要とし、内閣が、その責任を負う。

第四条　天皇は、この憲法の定める国事に関する行為のみを行い、国政に関する権能を有しない。

2　天皇は、法律の定めるところにより、その国事に関する行為を委任することができる。

第五条　皇室典範の定めるところにより摂政を置くときは、摂政は、天皇の名でその国事に関する行為を行う。この場合には、前条第一項の規定を準用する。

第六条　天皇は、国会の指名に基いて、内閣総理大臣を任命する。

2　天皇は、内閣の指名に基いて、最高裁判所の長たる裁判官を任命する。

第七条　天皇は、内閣の助言と承認により、国民のために、左の国事に関する行為を行う。

一　憲法改正、法律、政令及び条約を公布すること。
二　国会を召集すること。
三　衆議院を解散すること。
四　国会議員の総選挙の施行を公示すること。
五　国務大臣及び法律の定めるその他の官吏の任免並びに全権委任状及び大使及び公使の信任状を認証すること。
六　大赦、特赦、減刑、刑の執行の免除及び復権を認証すること。
七　栄典を授与すること。
八　批准書及び法律の定めるその他の外交文書を認証すること。
九　外国の大使及び公使を接受すること。
十　儀式を行うこと。

第八条　皇室に財産を譲り渡し、又は皇室が、財産を譲り受け、若しくは賜与することは、国会の議決に基かなければならない。

第二章　戦争の放棄

第九条　日本国民は、正義と秩序を基調とする国際平和を誠実に希求し、国権の発動たる戦争と、武力による威嚇又は武力の行使は、国際紛争を解決する手段としては、永久にこれを放棄する。

2　前項の目的を達するため、陸海空軍その他の戦力は、これを保持しない。国の交戦権は、これを認めない。

第三章　国民の権利及び義務

第十条　日本国民たる要件は、法律でこれを定める。

第十一条　国民は、すべての基本的人権の享有を妨げられない。この憲法が国民に保障する基本的人権は、侵すことのできない永久の権利として、現在及び将来の国民に与えられる。

第十二条　この憲法が国民に保障する自由及び権利は、国民の不断の努力によって、これを保持しなければならない。又、国民は、これを濫用してはならないのであって、常に公共の福祉のためにこれを利用する責任を負う。
第十三条　すべて国民は、個人として尊重される。生命、自由及び幸福追求に対する国民の権利については、公共の福祉に反しない限り、立法その他の国政の上で、最大の尊重を必要とする。
第十四条　すべて国民は、法の下に平等であつて、人種、信条、性別、社会的身分又は門地により、政治的、経済的又は社会的関係において、差別されない。
2　華族その他の貴族の制度は、これを認めない。
3　栄誉、勲章その他の栄典の授与は、いかなる特権も伴はない。栄典の授与は、現にこれを有し、又は将来これを受ける者の一代に限り、その効力を有する。
第十五条　公務員を選定し、及びこれを罷免することは、国民固有の権利である。
2　すべて公務員は、全体の奉仕者であつて、一部の奉仕者ではない。
3　公務員の選挙については、成年者による普通選挙を保障する。
4　すべて選挙における投票の秘密は、これを侵してはならない。選挙人は、その選択に関し公的にも私的にも責任を問はれない。
第十六条　何人も、損害の救済、公務員の罷免、法律、命令又は規則の制定、廃止又は改正その他の事項に関し、平穏に請願する権利を有し、何人も、かかる請願をしたためにいかなる差別待遇も受けない。
第十七条　何人も、公務員の不法行為により、損害を受けたときは、法律の定めるところにより、国又は公共団体に、その賠償を求めることができる。

第十八条　何人も、いかなる奴隷的拘束も受けない。又、犯罪に因る処罰の場合を除いては、その意に反する苦役に服させられない。
第十九条　思想及び良心の自由は、これを侵してはならない。
第二十条　信教の自由は、何人に対してもこれを保障する。いかなる宗教団体も、国から特権を受け、又は政治上の権力を行使してはならない。
2　何人も、宗教上の行為、祝典、儀式又は行事に参加することを強制されない。
3　国及びその機関は、宗教教育その他いかなる宗教的活動もしてはならない。
第二十一条　集会、結社及び言論、出版その他一切の表現の自由は、これを保障する。
2　検閲は、これをしてはならない。通信の秘密は、これを侵してはならない。
第二十二条　何人も、公共の福祉に反しない限り、居住、移転及び職業選択の自由を有する。
2　何人も、外国に移住し、又は国籍を離脱する自由を侵されない。
第二十三条　学問の自由は、これを保障する。
第二十四条　婚姻は、両性の合意のみに基いて成立し、夫婦が同等の権利を有することを基本として、相互の協力により、維持されなければならない。
2　配偶者の選択、財産権、相続、住居の選定、離婚並びに婚姻及び家族に関するその他の事項に関しては、法律は、個人の尊厳と両性の本質的平等に立脚して、制定されなければならない。
第二十五条　すべて国民は、健康で文化的な最低限度の生活を営む権利を有する。
2　国は、すべての生活部面について、社会福祉、社会保障及び公衆衛生の向上及び増進に努めなければならない。

第二十六条　すべて国民は、法律の定めるところにより、その能力に応じて、ひとしく教育を受ける権利を有する。

2　すべて国民は、法律の定めるところにより、その保護する子女に普通教育を受けさせる義務を負う。義務教育は、これを無償とする。

第二十七条　すべて国民は、勤労の権利を有し、義務を負う。

2　賃金、就業時間、休息その他の勤労条件に関する基準は、法律でこれを定める。

3　児童は、これを酷使してはならない。

第二十八条　勤労者の団結する権利及び団体交渉その他の団体行動をする権利は、これを保障する。

第二十九条　財産権は、これを侵してはならない。

2　財産権の内容は、公共の福祉に適合するように、法律でこれを定める。

3　私有財産は、正当な補償の下に、これを公共のために用いることができる。

第三十条　国民は、法律の定めるところにより、納税の義務を負う。

第三十一条　何人も、法律の定める手続によらなければ、その生命若しくは自由を奪われ、又はその他の刑罰を科せられない。

第三十二条　何人も、裁判所において裁判を受ける権利を奪われない。

第三十三条　何人も、現行犯として逮捕される場合を除いては、権限を有する司法官憲が発し、且つ理由となっている犯罪を明示する令状によらなければ、逮捕されない。

第三十四条　何人も、理由を直ちに告げられ、且つ、直ちに弁護人に依頼する権利を与えられなければ、抑留又は拘禁されない。又、何人も、正当な理由がなければ、拘禁されず、要求があれば、その理由は、直ちに本人及びその弁護人の出席する公開の法廷で示されなければならない。

第三十五条　何人も、その住居、書類及び所持品について、侵入、捜索及び押収を受けることのない権利は、第三十三条の場合を除いては、正当な理由に基いて発せられ、且つ捜索する場所及び押収する物を明示する令状がなければ、侵されない。

2　捜索又は押収は、権限を有する司法官憲が発する各別の令状により、これを行う。

第三十六条　公務員による拷問及び残虐な刑罰は、絶対にこれを禁ずる。

第三十七条　すべて刑事事件においては、被告人は、公平な裁判所の迅速な公開裁判を受ける権利を有する。

2　刑事被告人は、すべての証人に対して審問する機会を充分に与えられ、又、公費で自己のために強制的手続により証人を求める権利を有する。

3　刑事被告人は、いかなる場合にも、資格を有する弁護人を依頼することができる。被告人が自らこれを依頼することができないときは、国でこれを附する。

第三十八条　何人も、自己に不利益な供述を強要されない。

2　強制、拷問若しくは脅迫による自白又は不当に長く抑留若しくは拘禁された後の自白は、これを証拠とすることができない。
3　何人も、自己に不利益な唯一の証拠が本人の自白である場合には、有罪とされ、又は刑罰を科せられない。
第三十九条　何人も、実行の時に適法であった行為又は既に無罪とされた行為については、刑事上の責任を問われない。又、同一の犯罪について、重ねて刑事上の責任を問われない。
第四十条　何人も、抑留又は拘禁された後、無罪の裁判を受けたときは、法律の定めるところにより、国にその補償を求めることができる。

第四章　国会

第四十一条　国会は、国権の最高機関であって、国の唯一の立法機関である。
第四十二条　国会は、衆議院及び参議院の両議院でこれを構成する。
第四十三条　両議院は、全国民を代表する選挙された議員でこれを組織する。
2　両議院の議員の定数は、法律でこれを定める。
第四十四条　両議院の議員及びその選挙人の資格は、法律でこれを定める。但し、人種、信条、性別、社会的身分、門地、教育、財産又は収入によって差別してはならない。
第四十五条　衆議院議員の任期は、四年とする。但し、衆議院解散の場合には、その期間満了前に終了する。

第四十六条　参議院議員の任期は、六年とし、三年ごとに議員の半数を改選する。

第四十七条　選挙区、投票の方法その他両議院の議員の選挙に関する事項は、法律でこれを定める。

第四十八条　何人も、同時に両議院の議員たることはできない。

第四十九条　両議院の議員は、法律の定めるところにより、国庫から相当額の歳費を受ける。

第五十条　両議院の議員は、法律の定める場合を除いては、国会の会期中逮捕されず、会期前に逮捕された議員は、その議院の要求があれば、会期中これを釈放しなければならない。

第五十一条　両議院の議員は、議院で行った演説、討論又は表決について、院外で責任を問われない。

第五十二条　国会の常会は、毎年一回これを召集する。

第五十三条　内閣は、国会の臨時会の召集を決定することができる。いずれかの議院の総議員の四分の一以上の要求があれば、内閣は、その召集を決定しなければならない。

第五十四条　衆議院が解散されたときは、解散の日から四十日以内に、衆議院議員の総選挙を行い、その選挙の日から三十日以内に、国会を召集しなければならない。

2　衆議院が解散されたときは、参議院は、同時に閉会となる。但し、内閣は、国に緊急の必要があるときは、参議院の緊急集会を求めることができる。

3　前項但書の緊急集会において採られた措置は、臨時のものであって、次の国会開会の後十日以内に、衆議院の同意がない場合には、その効力を失う。

第五十五条 両議院は、各々その議員の資格に関する争訟を裁判する。但し、議員の議席を失はせるには、出席議員の三分の二以上の多数による議決を必要とする。

第五十六条 両議院は、各々その総議員の三分の一以上の出席がなければ、議事を開き議決することができない。

2 両議院の議事は、この憲法に特別の定のある場合を除いては、出席議員の過半数でこれを決し、可否同数のときは、議長の決するところによる。

第五十七条 両議院の会議は、公開とする。但し、出席議員の三分の二以上の多数で議決したときは、秘密会を開くことができる。

2 両議院は、各々その会議の記録を保存し、秘密会の記録の中で特に秘密を要すると認められるもの以外は、これを公表し、且つ一般に頒布しなければならない。

3 出席議員の五分の一以上の要求があれば、各議員の表決は、これを会議録に記載しなければならない。

第五十八条 両議院は、各々その議長その他の役員を選任する。

2 両議院は、各々その会議その他の手続及び内部の規律に関する規則を定め、又、院内の秩序をみだした議員を懲罰することができる。但し、議員を除名するには、出席議員の三分の二以上の多数による議決を必要とする。

第五十九条 法律案は、この憲法に特別の定のある場合を除いては、両議院で可決したとき法律となる。
2　衆議院で可決し、参議院でこれと異なった議決をした法律案は、衆議院で出席議員の三分の二以上の多数で再び可決したときは、法律となる。
3　前項の規定は、法律の定めるところにより、衆議院が、両議院の協議会を開くことを求めることを妨げない。
4　参議院が、衆議院の可決した法律案を受け取った後、国会休会中の期間を除いて六十日以内に、議決しないときは、衆議院は、参議院がその法律案を否決したものとみなすことができる。
第六十条　予算は、さきに衆議院に提出しなければならない。
2　予算について、参議院で衆議院と異なった議決をした場合に、法律の定めるところにより、両議院の協議会を開いても意見が一致しないとき、又は参議院が、衆議院の可決した予算を受け取った後、国会休会中の期間を除いて三十日以内に、議決しないときは、衆議院の議決を国会の議決とする。
第六十一条　条約の締結に必要な国会の承認については、前条第二項の規定を準用する。
第六十二条　両議院は、各々国政に関する調査を行い、これに関して、証人の出頭及び証言並びに記録の提出を要求することができる。
第六十三条　内閣総理大臣その他の国務大臣は、両議院の一に議席を有すると有しないとにかかはらず、何時でも議案について発言するため議院に出席することができる。又、答弁又は説明のため出席を求められたときは、出席しなければならない。

第六十四条　国会は、罷免の訴追を受けた裁判官を裁判するため、両議院の議員で組織する弾劾裁判所を設ける。
2　弾劾に関する事項は、法律でこれを定める。

第五章　内閣

第六十五条　行政権は、内閣に属する。
第六十六条　内閣は、法律の定めるところにより、その首長たる内閣総理大臣及びその他の国務大臣でこれを組織する。
2　内閣総理大臣その他の国務大臣は、文民でなければならない。
3　内閣は、行政権の行使について、国会に対し連帯して責任を負う。
第六十七条　内閣総理大臣は、国会議員の中から国会の議決で、これを指名する。この指名は、他のすべての案件に先だって、これを行う。
2　衆議院と参議院とが異なった指名の議決をした場合に、法律の定めるところにより、両議院の協議会を開いても意見が一致しないとき、又は衆議院が指名の議決をした後、国会休会中の期間を除いて十日以内に、参議院が、指名の議決をしないときは、衆議院の議決を国会の議決とする。

第六十八条　内閣総理大臣は、国務大臣を任命する。但し、その過半数は、国会議員の中から選ばれなければならない。

2　内閣総理大臣は、任意に国務大臣を罷免することができる。

第六十九条　内閣は、衆議院で不信任の決議案を可決し、又は信任の決議案を否決したときは、十日以内に衆議院が解散されない限り、総辞職をしなければならない。

第七十条　内閣総理大臣が欠けたとき、又は衆議院議員総選挙の後に初めて国会の召集があったときは、内閣は、総辞職をしなければならない。

第七十一条　前二条の場合には、内閣は、あらたに内閣総理大臣が任命されるまで引き続きその職務を行う。

第七十二条　内閣総理大臣は、内閣を代表して議案を国会に提出し、一般国務及び外交関係について国会に報告し、並びに行政各部を指揮監督する。

第七十三条　内閣は、他の一般行政事務の外、左の事務を行う。

一　法律を誠実に執行し、国務を総理すること。

二　外交関係を処理すること。

三　条約を締結すること。但し、事前に、時宜によっては事後に、国会の承認を経ることを必要とする。

四　法律の定める基準に従い、官吏に関する事務を掌理すること。

五　予算を作成して国会に提出すること。
六　この憲法及び法律の規定を実施するために、政令を制定すること。但し、政令には、特にその法律の委任がある場合を除いては、罰則を設けることができない。
七　大赦、特赦、減刑、刑の執行の免除及び復権を決定すること。

第七十四条　法律及び政令には、すべて主任の国務大臣が署名し、内閣総理大臣が連署することを必要とする。

第七十五条　国務大臣は、その在任中、内閣総理大臣の同意がなければ、訴追されない。但し、これがため、訴追の権利は、害されない。

第六章　司法

第七十六条　すべて司法権は、最高裁判所及び法律の定めるところにより設置する下級裁判所に属する。

2　特別裁判所は、これを設置することができない。行政機関は、終審として裁判を行うことができない。

3　すべて裁判官は、その良心に従い独立してその職権を行い、この憲法及び法律にのみ拘束される。

第七十七条　最高裁判所は、訴訟に関する手続、弁護士、裁判所の内部規律及び司法事務処理に関する事項について、規則を定める権限を有する。
2　検察官は、最高裁判所の定める規則に従はなければならない。
3　最高裁判所は、下級裁判所に関する規則を定める権限を、下級裁判所に委任することができる。

第七十八条　裁判官は、裁判により、心身の故障のために職務を執ることができないと決定された場合を除いては、公の弾劾によらなければ罷免されない。裁判官の懲戒処分は、行政機関がこれを行うことはできない。

第七十九条　最高裁判所は、その長たる裁判官及び法律の定める員数のその他の裁判官でこれを構成し、その長たる裁判官以外の裁判官は、内閣でこれを任命する。
2　最高裁判所の裁判官の任命は、その任命後初めて行われる衆議院議員総選挙の際国民の審査に付し、その後十年を経過した後初めて行われる衆議院議員総選挙の際更に審査に付し、その後も同様とする。
3　前項の場合において、投票者の多数が裁判官の罷免を可とするときは、その裁判官は、罷免される。
4　審査に関する事項は、法律でこれを定める。
5　最高裁判所の裁判官は、法律の定める年齢に達したときに退官する。
6　最高裁判所の裁判官は、すべて定期に相当額の報酬を受ける。この報酬は、在任中、これを減額することができない。

第八十条　下級裁判所の裁判官は、最高裁判所の指名した者の名簿によって、内閣でこれを任命する。その裁判官は、任期を十年とし、再任されることができる。但し、法律の定める年齢に達した時には退官する。

2　下級裁判所の裁判官は、すべて定期に相当額の報酬を受ける。この報酬は、在任中、これを減額することができない。

第八十一条　最高裁判所は、一切の法律、命令、規則又は処分が憲法に適合するかしないかを決定する権限を有する終審裁判所である。

第八十二条　裁判の対審及び判決は、公開法廷でこれを行う。

2　裁判所が、裁判官の全員一致で、公の秩序又は善良の風俗を害する虞があると決した場合には、対審は、公開しないでこれを行うことができる。但し、政治犯罪、出版に関する犯罪又はこの憲法第三章で保障する国民の権利が問題となっている事件の対審は、常にこれを公開しなければならない。

第七章　財政

第八十三条　国の財政を処理する権限は、国会の議決に基いて、これを行使しなければならない。

第八十四条　あらたに租税を課し、又は現行の租税を変更するには、法律又は法律の定める条件によることを必要とする。

第八十五条　国費を支出し、又は国が債務を負担するには、国会の議決に基くことを必要とする。

第八十六条　内閣は、毎会計年度の予算を作成し、国会に提出して、その審議を受け議決を経なければならない。

第八十七条　予見し難い予算の不足に充てるため、国会の議決に基いて予備費を設け、内閣の責任でこれを支出することができる。

2　すべて予備費の支出については、内閣は、事後に国会の承諾を得なければならない。

第八十八条　すべて皇室財産は、国に属する。すべて皇室の費用は、予算に計上して国会の議決を経なければならない。

第八十九条　公金その他の公の財産は、宗教上の組織若しくは団体の使用、便益若しくは維持のため、又は公の支配に属しない慈善、教育若しくは博愛の事業に対し、これを支出し、又はその利用に供してはならない。

第九十条　国の収入支出の決算は、すべて毎年会計検査院がこれを検査し、内閣は、次の年度に、その検査報告とともに、これを国会に提出しなければならない。

2　会計検査院の組織及び権限は、法律でこれを定める。

第九十一条　内閣は、国会及び国民に対し、定期に、少くとも毎年一回、国の財政状況について報告しなければならない。

第八章　地方自治

第九十二条　地方公共団体の組織及び運営に関する事項は、地方自治の本旨に基いて、法律でこれを定める。

第九十三条　地方公共団体には、法律の定めるところにより、その議事機関として議会を設置する。

2　地方公共団体の長、その議会の議員及び法律の定めるその他の吏員は、その地方公共団体の住民が、直接これを選挙する。

第九十四条　地方公共団体は、その財産を管理し、事務を処理し、及び行政を執行する権能を有し、法律の範囲内で条例を制定することができる。

第九十五条　一の地方公共団体のみに適用される特別法は、法律の定めるところにより、その地方公共団体の住民の投票においてその過半数の同意を得なければ、国会は、これを制定することができない。

第九章　改正

第九十六条　この憲法の改正は、各議院の総議員の三分の二以上の賛成で、国会が、これを発議し、国民に提案してその承認を経なければならない。この承認には、特別の国民投票又は国会の定める選挙の際行われる投票において、その過半数の賛成を必要とする。

2　憲法改正について前項の承認を経たときは、天皇は、国民の名で、この憲法と一体を成すものとして、直ちにこれを公布する。

第十章　最高法規

第九十七条　この憲法が日本国民に保障する基本的人権は、人類の多年にわたる自由獲得の努力の成果であって、これらの権利は、過去幾多の試錬に堪え、現在及び将来の国民に対し、侵すことのできない永久の権利として信託されたものである。

第九十八条　この憲法は、国の最高法規であって、その条規に反する法律、命令、詔勅及び国務に関するその他の行為の全部又は一部は、その効力を有しない。

2　日本国が締結した条約及び確立された国際法規は、これを誠実に遵守することを必要とする。

第九十九条　天皇又は摂政及び国務大臣、国会議員、裁判官その他の公務員は、この憲法を尊重し擁護する義務を負う。

第十一章　補則

第百条　この憲法は、公布の日から起算して六箇月を経過した日から、これを施行する。

2　この憲法を施行するために必要な法律の制定、参議院議員の選挙及び国会召集の手続並びにこの憲法を施行するために必要な準備手続は、前項の期日よりも前に、これを行うことができる。

第百一条　この憲法施行の際、参議院がまだ成立していないときは、その成立するまでの間、衆議院は、国会としての権限を行う。

第百二条　この憲法による第一期の参議院議員のうち、その半数の者の任期は、これを三年とする。その議員は、法律の定めるところにより、これを定める。

第百三条　この憲法施行の際現に在職する国務大臣、衆議院議員及び裁判官並びにその他の公務員で、その地位に相応する地位がこの憲法で認められている者は、法律で特別の定をした場合を除いては、この憲法施行のため、当然にはその地位を失うことはない。但し、この憲法によって、後任者が選挙又は任命されたときは、当然その地位を失う。

日本国憲法改正草案 全文

（自由民主党）

前文

自由民主党
平成二十四年四月二十七日（決定）

日本国は、長い歴史と固有の文化を持ち、国民統合の象徴である天皇を戴く国家であって、国民主権の下、立法、行政及び司法の三権分立に基づいて統治される。

我が国は、先の大戦による荒廃や幾多の大災害を乗り越えて発展し、今や国際社会において重要な地位を占めており、平和主義の下、諸外国との友好関係を増進し、世界の平和と繁栄に貢献する。

日本国民は、国と郷土を誇りと気概を持って自ら守り、基本的人権を尊重するとともに、和を尊び、家族や社会全体が互いに助け合って国家を形成する。

我々は、自由と規律を重んじ、美しい国土と自然環境を守りつつ、教育や科学技術を振興し、

自民党・日本国憲法改正草案

活力ある経済活動を通じて国を成長させる。

日本国民は、良き伝統と我々の国家を末永く子孫に継承するため、ここに、この憲法を制定する。

第一章　天皇

第一条　天皇は、日本国の元首であり、日本国及び日本国民統合の象徴であって、その地位は、主権の存する日本国民の総意に基づく。

第二条　皇位は、世襲のものであって、国会の議決した皇室典範　の定めるところにより、これを継承する。

第三条　国旗は日章旗とし、国歌は君が代とする。

2　日本国民は、国旗及び国歌を尊重しなければならない。

第四条　元号は、法律の定めるところにより、皇位の継承があったときに制定する。

第五条　天皇は、この憲法の定める国事に関する行為を行い、国政に関する権能を有しない。

第六条　天皇は、国民のために、国会の指名に基づいて、内閣総理大臣を任命し、内閣の指名に基づいて、最高裁判所の長である裁判官を任命する。

2　天皇は、国民のために、次に掲げる国事に関する行為を行う。
一　憲法改正、法律、政令及び条約を公布すること。
二　国会を召集すること。
三　衆議院を解散すること。
四　衆議院議員の総選挙及び参議院議員の通常選挙の施行を公示すること。
五　国務大臣及び法律の定めるその他の国の公務員の任免を認証すること。
六　大赦、特赦、減刑、刑の執行の免除及び復権を認証すること。
七　栄典を授与すること。
八　全権委任状並びに大使及び公使の信任状並びに批准書及び法律の定めるその他の外交文書を認証すること。
九　外国の大使及び公使を接受すること。
十　儀式を行うこと。
3　天皇は、法律の定めるところにより、前二項の行為を委任することができる。
4　天皇の国事に関する全ての行為には、内閣の進言を必要とし、内閣がその責任を負う。ただし、衆議院の解散については、内閣総理大臣の進言による。
5　第一項及び第二項に掲げるもののほか、天皇は、国又は地方自治体その他の公共団体が主催する式典への出席その他の公的な行為を行う。
第七条　皇室典範の定めるところにより摂政を置くときは、摂政は、天皇の名で、その国事に関する行為を行う。
2　第五条及び前条第四項の規定は、摂政について準用する。
第八条　皇室に財産を譲り渡し、又は皇室が、財産を譲り受け、若しくは賜与するには、法律で定める場合を除き、国会の承認を経なければならない。

第二章　安全保障

第九条　日本国民は、正義と秩序を基調とする国際平和を誠実に希求し、国権の発動としての戦争を放棄し、武力による威嚇及び武力の行使は、国際紛争を解決する手段としては用いない。
2　前項の規定は、自衛権の発動を妨げるものではない。
第九条の二　我が国の平和と独立並びに国及び国民の安全を確保するため、内閣総理大臣を最高指揮官とする国防軍を保持する。
2　国防軍は、前項の規定による任務を遂行する際は、法律の定めるところにより、国会の承認その他の統制に服する。
3　国防軍は、第一項に規定する任務を遂行するための活動のほか、法律の定めるところにより、国際社会の平和と安全を確保するために国際的に協調して行われる活動及び公の秩序を維持し、又は国民の生命若しくは自由を守るための活動を行うことができる。

4　前二項に定めるもののほか、国防軍の組織、統制及び機密の保持に関する事項は、法律で定める。

5　国防軍に属する軍人その他の公務員がその職務の実施に伴う罪又は国防軍の機密に関する罪を犯した場合の裁判を行うため、法律の定めるところにより、国防軍に審判所を置く。この場合においては、被告人が裁判所へ上訴する権利は、保障されなければならない。

第九条の三　国は、主権と独立を守るため、国民と協力して、領土、領海及び領空を保全し、その資源を確保しなければならない。

第三章　国民の権利及び義務

第十条　日本国民の要件は、法律で定める。

第十一条　国民は、全ての基本的人権を享有する。この憲法が国民に保障する基本的人権は、侵すことのできない永久の権利である。

第十二条　この憲法が国民に保障する自由及び権利は、国民の不断の努力により、保持されなければならない。国民は、これを濫用してはならず、自由及び権利には責任及び義務が伴うことを自覚し、常に公益及び公の秩序に反してはならない。

第十三条　全て国民は、人として尊重される。生命、自由及び幸福追求に対する国民の権利については、公益及び公の秩序に反しない限り、立法その他の国政の上で、最大限に尊重されなければならない。

第十四条　全て国民は、法の下に平等であって、人種、信条、性別、障害の有無、社会的身分又は門地により、政治的、経済的又は社会的関係において、差別されない。

2　華族その他の貴族の制度は、認めない。

3　栄誉、勲章その他の栄典の授与は、現にこれを有し、又は将来これを受ける者の一代に限り、その効力を有する。

第十五条　公務員を選定し、及び罷免することは、主権の存する国民の権利である。

2　全て公務員は、全体の奉仕者であって、一部の奉仕者ではない。

3　公務員の選定を選挙により行う場合は、日本国籍を有する成年者による普通選挙の方法による。

4　選挙における投票の秘密は、侵されない。選挙人は、その選択に関し、公的にも私的にも責任を問われない。

第十六条　何人も、損害の救済、公務員の罷免、法律、命令又は規則の制定、廃止又は改正その他の事項に関し、平穏に請願をする権利を有する。

2　請願をした者は、そのためにいかなる差別待遇も受けない。

第十七条　何人も、公務員の不法行為により損害を受けたときは、法律の定めるところにより、国又は地方自治体その他の公共団体に、その賠償を求めることができる。

第十八条　何人も、その意に反すると否とにかかわらず、社会的又は経済的関係において身体を拘束されない。
2　何人も、犯罪による処罰の場合を除いては、その意に反する苦役に服させられない。
第十九条　思想及び良心の自由は、保障する。
第十九条の二　何人も、個人に関する情報を不当に取得し、保有し、又は利用してはならない。
第二十条　信教の自由は、保障する。国は、いかなる宗教団体に対しても、特権を与えてはならない。
2　何人も、宗教上の行為、祝典、儀式又は行事に参加することを強制されない。
3　国及び地方自治体その他の公共団体は、特定の宗教のための教育その他の宗教的活動をしてはならない。ただし、社会的儀礼又は習俗的行為の範囲を超えないものについては、この限りでない。
第二十一条　集会、結社及び言論、出版その他一切の表現の自由は、保障する。
2　前項の規定にかかわらず、公益及び公の秩序を害することを目的とした活動を行い、並びにそれを目的として結社をすることは、認められない。
3　検閲は、してはならない。通信の秘密は、侵してはならない。
第二十一条の二　国は、国政上の行為につき国民に説明する責務を負う。
第二十二条　何人も、居住、移転及び職業選択の自由を有する。
2　全て国民は、外国に移住し、又は国籍を離脱する自由を有する。

第二十三条　学問の自由は、保障する。

第二十四条　家族は、社会の自然かつ基礎的な単位として、尊重される。家族は、互いに助け合わなければならない。

2　婚姻は、両性の合意に基づいて成立し、夫婦が同等の権利を有することを基本として、相互の協力により、維持されなければならない。

3　家族、扶養、後見、婚姻及び離婚、財産権、相続並びに親族に関するその他の事項に関しては、法律は、個人の尊厳と両性の本質的平等に立脚して、制定されなければならない。

第二十五条　全て国民は、健康で文化的な最低限度の生活を営む権利を有する。

2　国は、国民生活のあらゆる側面において、社会福祉、社会保障及び公衆衛生の向上及び増進に努めなければならない。

第二十五条の二　国は、国民と協力して、国民が良好な環境を享受することができるようにその保全に努めなければならない。

第二十五条の三　国は、国外において緊急事態が生じたときは、在外国民の保護に努めなければならない。

第二十五条の四　国は、犯罪被害者及びその家族の人権及び処遇に配慮しなければならない。

第二十六条　全て国民は、法律の定めるところにより、その能力に応じて、等しく教育を受ける権利を有する。

2　全て国民は、法律の定めるところにより、その保護する子に普通教育を受けさせる義務を負う。義務教育は、無償とする。

3　国は、教育が国の未来を切り拓《ひら》く上で欠くことのできないものであることに鑑み、教育環境の整備に努めなければならない。

第二十七条　全て国民は、勤労の権利を有し、義務を負う。

2　賃金、就業時間、休息その他の勤労条件に関する基準は、法律で定める。

3　何人も、児童を酷使してはならない。

第二十八条　勤労者の団結する権利及び団体交渉その他の団体行動をする権利は、保障する。

2　公務員については、全体の奉仕者であることに鑑み、法律の定めるところにより、前項に規定する権利の全部又は一部を制限することができる。この場合においては、公務員の勤労条件を改善するため、必要な措置が講じられなければならない。

第二十九条　財産権は、保障する。

2　財産権の内容は、公益及び公の秩序に適合するように、法律で定める。この場合において、知的財産権については、国民の知的創造力の向上に資するように配慮しなければならない。

3　私有財産は、正当な補償の下に、公共のために用いることができる。

第三十条　国民は、法律の定めるところにより、納税の義務を負う。

第三十一条　何人も、法律の定める適正な手続によらなければ、その生命若しくは自由を奪われ、又はその他の刑罰を科せられない。

第三十二条　何人も、裁判所において裁判を受ける権利を有する。

第三十三条　何人も、現行犯として逮捕される場合を除いては、裁判官が発し、かつ理由となっている犯罪を明示する令状によらなければ、逮捕されない。

第三十四条　何人も、正当な理由がなく、若しくは理由を直ちに告げられることなく、又は直ちに弁護人に依頼する権利を与えられることなく、抑留され、又は拘禁されない。

2　拘禁された者は、拘禁の理由を直ちに本人及びその弁護人の出席する公開の法廷で示すことを求める権利を有する。

第三十五条　何人も、正当な理由に基づいて発せられ、かつ、捜索する場所及び押収する物を明示する令状によらなければ、住居その他の場所、書類及び所持品について、侵入、捜索又は押収を受けない。ただし、第三十三条の規定により逮捕される場合は、この限りでない。

2　前項本文の規定による捜索又は押収は、裁判官が発する各別の令状によって行う。

第三十六条　公務員による拷問及び残虐な刑罰は、禁止する。

第三十七条　全て刑事事件においては、被告人は、公平な裁判所の迅速な公開裁判を受ける権利を有する。

2　被告人は、全ての証人に対して審問する機会を十分に与えられる権利及び公費で自己のために強制的手続により証人を求める権利を有する。

3　被告人は、いかなる場合にも、資格を有する弁護人を依頼することができる。被告人が自らこれを依頼することができないときは、国でこれを付する。

第三十八条　何人も、自己に不利益な供述を強要されない。

２　拷問、脅迫その他の強制による自白又は不当に長く抑留され、若しくは拘禁された後の自白は、これを証拠とすることができない。
３　何人も、自己に不利益な唯一の証拠が本人の自白である場合には、有罪とされない。
第三十九条　何人も、実行の時に違法でなかった行為又は既に無罪とされた行為については、刑事上の責任を問われない。同一の犯罪について、重ねて刑事上の責任を問われない。
第四十条　何人も、抑留され、又は拘禁された後、裁判の結果無罪となったときは、法律の定めるところにより、国にその補償を求めることができる。

第四章　国会

第四十一条　国会は、国権の最高機関であって、国の唯一の立法機関である。
第四十二条　国会は、衆議院及び参議院の両議院で構成する。
第四十三条　両議院は、全国民を代表する選挙された議員で組織する。
２　両議院の議員の定数は、法律で定める。
第四十四条　両議院の議員及びその選挙人の資格は、法律で定める。この場合においては、人種、信条、性別、障害の有無、社会的身分、門地、教育、財産又は収入によって差別してはならない。

第四十五条　衆議院議員の任期は、四年とする。ただし、衆議院が解散された場合には、その期間満了前に終了する。
第四十六条　参議院議員の任期は、六年とし、三年ごとに議員の半数を改選する。
第四十七条　選挙区、投票の方法その他両議院の議員の選挙に関する事項は、法律で定める。この場合においては、各選挙区は、人口を基本とし、行政区画、地勢等を総合的に勘案して定めなければならない。
第四十八条　何人も、同時に両議院の議員となることはできない。
第四十九条　両議院の議員は、法律の定めるところにより、国庫から相当額の歳費を受ける。
第五十条　両議院の議員は、法律の定める場合を除いては、国会の会期中逮捕されず、会期前に逮捕された議員は、その議院の要求があるときは、会期中釈放しなければならない。
第五十一条　両議院の議員は、議院で行った演説、討論又は表決について、院外で責任を問われない。
第五十二条　通常国会は、毎年一回召集される。
2　通常国会の会期は、法律で定める。
第五十三条　内閣は、臨時国会の召集を決定することができる。いずれかの議院の総議員の四分の一以上の要求があったときは、要求があった日から二十日以内に臨時国会が召集されなければならない。
第五十四条　衆議院の解散は、内閣総理大臣が決定する。

2　衆議院が解散されたときは、解散の日から四十日以内に、衆議院議員の総選挙を行い、その選挙の日から三十日以内に、特別国会が召集されなければならない。
3　衆議院が解散されたときは、参議院は、同時に閉会となる。ただし、内閣は、国に緊急の必要があるときは、参議院の緊急集会を求めることができる。
4　前項ただし書の緊急集会において採られた措置は、臨時のものであって、次の国会開会の後十日以内に、衆議院の同意がない場合には、その効力を失う。
第五十五条　両議院は、各々その議員の資格に関し争いがあるときは、これについて審査し、議決する。ただし、議員の議席を失わせるには、出席議員の三分の二以上の多数による議決を必要とする。
第五十六条　両議院の議事は、この憲法に特別の定めのある場合を除いては、出席議員の過半数で決し、可否同数のときは、議長の決するところによる。
2　両議院の議決は、各々その総議員の三分の一以上の出席がなければすることができない。
第五十七条　両議院の会議は、公開しなければならない。ただし、出席議員の三分の二以上の多数で議決したときは、秘密会を開くことができる。
2　両議院は、各々その会議の記録を保存し、秘密会の記録の中で特に秘密を要すると認められるものを除き、これを公表し、かつ一般に頒布しなければならない。
3　出席議員の五分の一以上の要求があるときは、各議員の表決を会議録に記載しなければならない。

第五十八条　両議院は、各々その議長その他の役員を選任する。
2　両議院は、各々その会議その他の手続及び内部の規律に関する規則を定め、並びに院内の秩序を乱した議員を懲罰することができる。ただし、議員を除名するには、出席議員の三分の二以上の多数による議決を必要とする。
第五十九条　法律案は、この憲法に特別の定めのある場合を除いては、両議院で可決したとき法律となる。
2　衆議院で可決し、参議院でこれと異なった議決をした法律案は、衆議院で出席議員の三分の二以上の多数で再び可決したときは、法律となる。
3　前項の規定は、法律の定めるところにより、衆議院が両議院の協議会を開くことを求めることを妨げない。
4　参議院が、衆議院の可決した法律案を受け取った後、国会休会中の期間を除いて六十日以内に、議決しないときは、衆議院は、参議院がその法律案を否決したものとみなすことができる。
第六十条　予算案は、先に衆議院に提出しなければならない。
2　予算案について、参議院で衆議院と異なった議決をした場合において、法律の定めるところにより、両議院の協議会を開いても意見が一致しないとき、又は参議院が、衆議院の可決した予算案を受け取った後、国会休会中の期間を除いて三十日以内に、議決しないときは、衆議院の議決を国会の議決とする。
第六十一条　条約の締結に必要な国会の承認については、前条第二項の規定を準用する。

第六十二条　両議院は、各々国政に関する調査を行い、これに関して、証人の出頭及び証言並びに記録の提出を要求することができる。

第六十三条　内閣総理大臣及びその他の国務大臣は、議案について発言するため議院に出席することができる。

2　内閣総理大臣及びその他の国務大臣は、答弁又は説明のため議院から出席を求められたときは、出席しなければならない。ただし、職務の遂行上特に必要がある場合は、この限りでない。

第六十四条　国会は、罷免の訴追を受けた裁判官を裁判するため、両議院の議員で組織する弾劾裁判所を設ける。

2　弾劾に関する事項は、法律で定める。

第六十四条の二　国は、政党が議会制民主主義に不可欠の存在であることに鑑み、その活動の公正の確保及びその健全な発展に努めなければならない。

2　政党の政治活動の自由は、保障する。

3　前二項に定めるもののほか、政党に関する事項は、法律で定める。

第五章　内閣

第六十五条　行政権は、この憲法に特別の定めのある場合を除き、内閣に属する。

第六十六条 内閣は、法律の定めるところにより、その首長である内閣総理大臣及びその他の国務大臣で構成する。
2 内閣総理大臣及び全ての国務大臣は、現役の軍人であってはならない。
3 内閣は、行政権の行使について、国会に対し連帯して責任を負う。
第六十七条 内閣総理大臣は、国会議員の中から国会が指名する。
2 国会は、他の全ての案件に先だって、内閣総理大臣の指名を行わなければならない。
3 衆議院と参議院とが異なった指名の議決をした場合において、法律の定めるところにより、両議院の協議会を開いても意見が一致しないとき、又は衆議院が指名をした後、国会休会中の期間を除いて十日以内に、参議院が指名をしないときは、衆議院の指名を国会の指名とする。
第六十八条 内閣総理大臣は、国務大臣を任命する。この場合においては、その過半数は、国会議員の中から任命しなければならない。
2 内閣総理大臣は、任意に国務大臣を罷免することができる。
第六十九条 内閣は、衆議院が不信任の決議案を可決し、又は信任の決議案を否決したときは、十日以内に衆議院が解散されない限り、総辞職をしなければならない。
第七十条 内閣総理大臣が欠けたとき、又は衆議院議員の総選挙の後に初めて国会の召集があったときは、内閣は、総辞職をしなければならない。
2 内閣総理大臣が欠けたとき、その他これに準ずる場合として法律で定めるときは、内閣総理大臣があらかじめ指定した国務大臣が、臨時に、その職務を行う。
第七十一条　前二条の場合には、内閣は、新たに内閣総理大臣が任命されるまでの間は、引き続き、その職務を行う。
第七十二条　内閣総理大臣は、行政各部を指揮監督し、その総合調整を行う。
2　内閣総理大臣は、内閣を代表して、議案を国会に提出し、並びに一般国務及び外交関係について国会に報告する。
3　内閣総理大臣は、最高指揮官として、国防軍を統括する。
第七十三条　内閣は、他の一般行政事務のほか、次に掲げる事務を行う。
一　法律を誠実に執行し、国務を総理すること。
二　外交関係を処理すること。
三　条約を締結すること。ただし、事前に、やむを得ない場合は事後に、国会の承認を経ることを必要とする。
四　法律の定める基準に従い、国の公務員に関する事務をつかさどること。
五　予算案及び法律案を作成して国会に提出すること。
六　法律の規定に基づき、政令を制定すること。ただし、政令には、特にその法律の委任がある場合を除いては、義務を課し、又は権利を制限する規定を設けることができない。
七　大赦、特赦、減刑、刑の執行の免除及び復権を決定すること。
第七十四条　法律及び政令には、全て主任の国務大臣が署名し、内閣総理大臣が連署することを必要とする。

第七十五条 国務大臣は、その在任中、内閣総理大臣の同意がなければ、公訴を提起されない。ただし、国務大臣でなくなった後に、公訴を提起することを妨げない。

第六章 司法

第七十六条 全て司法権は、最高裁判所及び法律の定めるところにより設置する下級裁判所に属する。

2 特別裁判所は、設置することができない。行政機関は、最終的な上訴審として裁判を行うことができない。

3 全て裁判官は、その良心に従い独立してその職権を行い、この憲法及び法律にのみ拘束される。

第七十七条 最高裁判所は、裁判に関する手続、弁護士、裁判所の内部規律及び司法事務処理に関する事項について、規則を定める権限を有する。

2 検察官、弁護士その他の裁判に関わる者は、最高裁判所の定める規則に従わなければならない。

3 最高裁判所は、下級裁判所に関する規則を定める権限を、下級裁判所に委任することができきる。

第七十八条 裁判官は、次条第三項に規定する場合及び心身の故障のために職務を執ることができないと裁判により決定された場合を除いては、第六十四条第一項の規定による裁判によらなければ罷免されない。行政機関は、裁判官の懲戒処分を行うことができない。

第七十九条 最高裁判所は、その長である裁判官及び法律の定める員数のその他の裁判官で構成し、最高裁判所の長である裁判官以外の裁判官は、内閣が任命する。

2 最高裁判所の裁判官は、その任命後、法律の定めるところにより、国民の審査を受けなければならない。

3 前項の審査において罷免すべきとされた裁判官は、罷免される。

4 最高裁判所の裁判官は、法律の定める年齢に達した時に退官する。

5 最高裁判所の裁判官は、全て定期に相当額の報酬を受ける。この報酬は、在任中、分限又は懲戒による場合及び一般の公務員の例による場合を除き、減額することができない。

第八十条 下級裁判所の裁判官は、最高裁判所の指名した者の名簿によって、内閣が任命する。その裁判官は、法律の定める任期を限って任命され、再任されることができる。ただし、法律の定める年齢に達した時には、退官する。

2 前条第五項の規定は、下級裁判所の裁判官の報酬について準用する。

第八十一条 最高裁判所は、一切の法律、命令、規則又は処分が憲法に適合するかしないかを決定する権限を有する最終的な上訴審裁判所である。

第八十二条　裁判の口頭弁論及び公判手続き並びに判決は、公開の法廷で行う。

2　裁判所が、裁判官の全員一致で、公の秩序又は善良の風俗を害するおそれがあると決した場合には、口頭弁論及び公判手続きは、公開しないで行うことができる。ただし、政治犯罪、出版に関する犯罪又は第三章で保障する国民の権利が問題となっている事件の口頭弁論及び公判手続は、常に公開しなければならない。

第七章　財政

第八十三条　国の財政を処理する権限は、国会の議決に基づいて、これを行使しなければならない。

2　財政の健全性は、法律の定めるところにより、確保されなければならない。

第八十四条　租税を新たに課し、又は変更するには、法律の定めるところによることを必要とする。

第八十五条　国費を支出し、又は国が債務を負担するには、国会の議決に基づくことを必要とする。

第八十六条　内閣は、毎会計年度の予算案を作成し、国会に提出して、その審議を受け、議決を経なければならない。

2　内閣は、毎会計年度中において、予算を補正するための予算案を提出することができる。
3　内閣は、当該会計年度開始前に第一項の議決を得られる見込みがないと認めるときは、暫定期間に係る予算案を提出しなければならない。
4　毎会計年度の予算は、法律の定めるところにより、国会の議決を経て、翌年度以降の年度においても支出することができる。

第八十七条　予見し難い予算の不足に充てるため、国会の議決に基づいて予備費を設け、内閣の責任でこれを支出することができる。
2　全て予備費の支出については、内閣は、事後に国会の承諾を得なければならない。

第八十八条　全て皇室財産は、国に属する。全て皇室の費用は、予算案に計上して国会の議決を経なければならない。

第八十九条　公金その他の公の財産は、第二十条第三項ただし書に規定する場合を除き、宗教的活動を行う組織若しくは団体の使用、便益若しくは維持のため支出し、又はその利用に供してはならない。
2　公金その他の公の財産は、国若しくは地方自治体その他の公共団体の監督が及ばない慈善、教育若しくは博愛の事業に対して支出し、又はその利用に供してはならない。

第九十条　内閣は、国の収入支出の決算について、全て毎年会計検査院の検査を受け、法律の定めるところにより、次の年度にその検査報告とともに両議院に提出し、その承認を受けなければならない。

2　会計検査院の組織及び権限は、法律で定める。
3　内閣は、第一項の検査報告の内容を予算案に反映させ、国会に対し、その結果について報告しなければならない。
第九十一条　内閣は、国会に対し、定期に、少なくとも毎年一回、国の財政状況について報告しなければならない。

第八章　地方自治

第九十二条　地方自治は、住民の参画を基本とし、住民に身近な行政を自主的、自立的かつ総合的に実施することを旨として行う。
2　住民は、その属する地方自治体の役務の提供を等しく受ける権利を有し、その負担を公平に分担する義務を負う。
第九十三条　地方自治体は、基礎地方自治体及びこれを包括する広域地方自治体とすることを基本とし、その種類は、法律で定める。
2　地方自治体の組織及び運営に関する基本的事項は、地方自治の本旨に基づいて、法律で定める。
3　国及び地方自治体は、法律の定める役割分担を踏まえ、協力しなければならない。地方自治体は、相互に協力しなければならない。

第九十四条　地方自治体には、法律の定めるところにより、条例その他重要事項を議決する機関として、議会を設置する。

2　地方自治体の長、議会の議員及び法律の定めるその他の公務員は、当該地方自治体の住民であって日本国籍を有する者が直接選挙する。

第九十五条　地方自治体は、その事務を処理する権能を有し、法律の範囲内で条例を制定することができる。

第九十六条　地方自治体の経費は、条例の定めるところにより課する地方税その他の自主的な財源をもって充てることを基本とする。

2　国は、地方自治体において、前項の自主的な財源だけでは地方自治体の行うべき役務の提供ができないときは、法律の定めるところにより、必要な財政上の措置を講じなければならない。

3　第八十三条第二項の規定は、地方自治について準用する。

第九十七条　特定の地方自治体の組織、運営若しくは権能について他の地方自治体と異なる定めをし、又は特定の地方自治体の住民にのみ義務を課し、権利を制限する特別法は、法律の定めるところにより、その地方自治体の住民の投票において有効投票の過半数の同意を得なければ、制定することができない。

第九章　緊急事態

第九十八条　内閣総理大臣は、我が国に対する外部からの武力攻撃、内乱等による社会秩序の混乱、地震等による大規模な自然災害その他の法律で定める緊急事態において、特に必要があると認めるときは、法律の定めるところにより、閣議にかけて、緊急事態の宣言を発することができる。

2　緊急事態の宣言は、法律の定めるところにより、事前又は事後に国会の承認を得なければならない。

3　内閣総理大臣は、前項の場合において不承認の議決があったとき、国会が緊急事態の宣言を解除すべき旨を議決したとき、又は事態の推移により当該宣言を継続する必要がないと認めるときは、法律の定めるところにより、閣議にかけて、当該宣言を速やかに解除しなければならない。また、百日を超えて緊急事態の宣言を継続しようとするときは、百日を超えるごとに、事前に国会の承認を得なければならない。

4　第二項及び前項後段の国会の承認については、第六十条第二項の規定を準用する。この場合において、同項中「三十日以内」とあるのは、「五日以内」と読み替えるものとする。

第九十九条　緊急事態の宣言が発せられたときは、法律の定めるところにより、内閣は法律と同一の効力を有する政令を制定することができるほか、内閣総理大臣は財政上必要な支出その他の処分を行い、地方自治体の長に対して必要な指示をすることができる。
2　前項の政令の制定及び処分については、法律の定めるところにより、事後に国会の承認を得なければならない。
3　緊急事態の宣言が発せられた場合には、何人も、法律の定めるところにより、当該宣言に係る事態において国民の生命、身体及び財産を守るために行われる措置に関して発せられる国その他公の機関の指示に従わなければならない。この場合においても、第十四条、第十八条、第十九条、第二十一条その他の基本的人権に関する規定は、最大限に尊重されなければならない。
4　緊急事態の宣言が発せられた場合においては、法律の定めるところにより、その宣言が効力を有する期間、衆議院は解散されないものとし、両議院の議員の任期及びその選挙期日の特例を設けることができる。

第十章　改正

第百条　この憲法の改正は、衆議院又は参議院の議員の発議により、両議院のそれぞれの総議員の過半数の賛成で国会が議決し、国民に提案してその承認を得なければならない。この承認には、法律の定めるところにより行われる国民の投票において、有効投票の過半数の賛成を必要とする。
2　憲法改正について前項の承認を経たときは、天皇は、直ちに憲法改正を公布する。

第十一章　最高法規

第百一条　この憲法は、国の最高法規であって、その条規に反する法律、命令、詔勅及び国務に関するその他の行為の全部又は一部は、その効力を有しない。
2　日本国が締結した条約及び確立された国際法規は、これを誠実に遵守することを必要とする。

第百二条　全て国民は、この憲法を尊重しなければならない。
2　国会議員、国務大臣、裁判官その他の公務員は、この憲法を擁護する義務を負う。

附則
1　この憲法改正は、平成○年○月○日から施行する。ただし、次項の規定は、公布の日から施行する。
（施行に必要な準備行為）
2　この憲法改正を施行するために必要な法律の制定及び改廃その他この憲法改正を施行する

ために必要な準備行為は、この憲法改正の施行の日よりも前に行うことができる。

（適用区分等）

3　改正後の日本国憲法第七十九条第五項後段（改正後の第八十条第二項において準用する場合を含む。）の規定は、改正前の日本国憲法の規定により任命された最高裁判所の裁判官及び下級裁判所の裁判官の報酬についても適用する。

4　この憲法改正の施行の際現に在職する下級裁判所の裁判官については、その任期は改正前の日本国憲法第八十条第一項の規定による任期の残任期間とし、改正後の日本国憲法第八十条第一項の規定により再任されることができる。

5　改正後の日本国憲法第八十六条第一項、第二項及び第四項の規定はこの憲法改正の施行後に提出される予算案及び予算から、同条第三項の規定はこの憲法改正の施行後に提出される同条第一項の予算案に係る会計年度における暫定期間に係る予算案から、それぞれ適用し、この憲法改正の施行前に提出された予算及び当該予算に係る会計年度における暫定期間に係る予算については、なお従前の例による。

6　改正後の日本国憲法第九十条第一項及び第三項の規定は、この憲法改正の施行後に提出される決算から適用し、この憲法改正の施行前に提出された決算については、なお従前の例による。

自民党・日本国憲法改正草案

谷内修三（やち・しゅうそ）

一九五三年生まれ。七六年現代詩手帖賞。詩集に『The Magic Box』（福岡県詩人賞）、『逆さまの花』（中新田文学賞）、『天辺』『最上の愉悦』『ピック、パック、ポック、パック。』『注釈』など。評論集に『詩を読む 詩をつかむ』『谷川俊太郎の「こころ」を読む』『リッツォス詩選集（中井久夫との共著）』。

日本国憲法／自民党憲法改正案　全文掲載

詩人が読み解く
自民党憲法案の大事なポイント

2016年8月15日　初版第一刷

著　者　谷《や》内《ち》修《しゅう》三《そ》
発行人　マツザキヨシユキ
発　行　ポエムピース
東京都杉並区高円寺南4-26-5 YSビル3F
〒166-0003
TEL03-5913-9172　FAX03-5913-8011
デザイン・DTP　堀川さゆり
印刷・製本　株式会社上野印刷所
落丁・乱丁本は弊社宛にお送りください。送料弊社負担でお取り替えいたします。
© Shuso Yachi 2016 Printed in Japan
ISBN978-4-908827-04-4 C0031